日比野愛子 Aiko Hibino
渡部 幹 Motoki Watabe
石井敬子 Keiko Ishii
著

つながれない社会

グループ・ダイナミックスの3つの眼

Disconnected Society

ナカニシヤ出版

まえがき

　この15年ほど，日本社会のなかでの人々や組織の「つながり方」が大きく変化してきました。非正規雇用者，いわゆる「派遣社員」の数が，正社員のそれを上回る事態になり，それに伴い職場の人間関係のあり方が変わり，ネットやスマートフォン，それに付随するSNSの普及など，「つながる」ためのテクノロジーが大きく変化し，それが実生活の友人関係などにも影響を与えたりしています。

　そのなかには，ネットでの出会いがきっかけで結婚に至ったり，あるビジネスでは人々が物理的距離をこえて協力したために成功したりするなど，ポジティブな側面があります。その一方で，いろいろな社会問題も起きています。戦後から長く続いてきたコミュニティが崩壊し，「ひきこもり」「無縁社会」「老人漂流社会」，などの言葉で表現される問題も起こるようになりました。これらはつながり方の変化のネガティブな側面を表しています。そして，近年ではこのネガティブな側面の方が，大きく注目されており，メディアや学会などで議論の対象になっています。

　これらの現象から，漠然と感じられるのは，私たちがずっともっていた「つながり」が失われてしまうという不安です。たぶん新しい「つながり」が必要なのでしょうが，どうすればいいかわからないと思っている人も多いはずで

す。そして、むしろつながりを否定してしまった方がいいのかもしれない、といった考えをもつ人もいるでしょう。

つながりたいのにつながれなくて焦っていたり、あるいは、つながりを否定することで、つながれない現状を肯定し、自分を安心させてみたりする人々が増えてきたように思います。

ここに挙げた現象が示しているのは、「つながりの変化」が、現在の日本社会やさまざまな集団の変化を読み解くための重要なキーワードになっている、ということです。しかし、「つながり」をどのように分析すれば、社会や集団を読み解くことができるのでしょうか。

本書は、その問いに応えるために企画されました。

本書の執筆者たちはみな「社会心理学」という学問分野で研究をしています。社会心理学は、100年以上にわたって、この「つながり」を研究しようとしてきました。しかし、時間が経つにつれて社会心理学者は、人々の間の本当のつながりではなくて、個々人の頭の中で認知されている「つながりと思っているもの」の方に注目するようになってしまいました。それはそれで重要な研究トピックですが、人々の頭の中で思い込んでいる「つながり」だけを見ていては、ダイナミックに変化している実際の「つながり」とそれがもたらす社会の変化を知ることはできません。

本書の執筆者たちは、人々の頭の中にある「つながりの認知」だけではなく、社会心理学が本来分析の対象としていた「実際のつながり」に再び焦点を当て、今の日本社会の問題に対してどのような回答が可能なのかを述べていま

す。さらに，それぞれの執筆者は，社会心理学の中でも異なる立場に立っており，それぞれの立場によって，分析の対象や方法，そして回答の内容も異なっていることが書かれています。

それらの立場を理解し，対比させることによって，「つながり」の分析という，古くて新しい問題が，現在の社会心理学ではどのように分析され，どのように役に立っているかを理解していただくことができたならば，それは執筆者たちにとって望外の喜びです。

本書は社会心理学をはじめとして，心理学，社会学，文化人類学，経営学など社会科学を学ぶ大学生および大学院生を中心ターゲットとして書かれています。もちろん一般の社会人や知的好奇心旺盛な高校生が読んでも理解できるものと思っています。

授業の副読本や，集団研究の入門書として活用いただければ幸いです。

目　次

まえがき　i

序　章　グループ・ダイナミックスへの誘い・・・・・・1

集団になると違う顔を見せる種：人間　1
社会心理学が扱う集団　2
集団とは何か　2
関係性に注目するとわかること　4
関係性をどのように扱うかに関する3つの立場　5
変わりゆく日本の集団　8
本書のねらいと構成　9

第1章　社会的交換
「組み込まれた長期的関係」から「つくりだす短期的関係」へ・・・11

「ひとり」の意味と無縁社会　11
大規模な社会的交換ができるヒトという動物　13
社会的交換の特徴　15
社会的交換と相互依存関係　18
長期的関係での協力と戦後の日本社会　23
長期的関係の崩壊　29
短期的関係での相互協力と信頼　32
互恵性と信頼　37
評判の重要性　41
評判活用の次にあるもの　46

結　語　48

第 2 章　文化心理学
「存在する」サポートから「つくりだす」サポートへ・・・51

文化心理学の考え方　52
具体的な研究例　57
文化心理学の枠組みからいえること　71
結　語　76

第 3 章　社会構成主義
つながりを疑う，つながりを信じる・・・・・・・・・79

社会構成主義の考え方　81
社会構成主義の姿勢　83
社会構成主義の道具　88
「無縁化」を見つめ直す 1　犯罪不安　90
「無縁化」を見つめ直す 2　ひきこもり　94
社会構成主義の枠組みからいえること　98
駆け抜ける集団のさまざまな「顔」：博多祇園山笠の例　99
結　語　102

終　章　つながりを理解する 3 つの視点・・・・・・・105

あとがき　113
索　引　117

序　章

グループ・ダイナミックスへの誘い

集団になると違う顔を見せる種：人間

　地球上のあらゆる動物の中で，最も栄えている種が「人間」であることに疑いの余地はないでしょう。人間がなぜこれほどまでに繁栄できたかについては，さまざまな理由が挙げられていますが，それらの中でも特に重要と思われるのは，人間が「社会集団」をつくってきたという点です。

　もう少し詳しくいうならば，人間は社会集団において「規範」をつくり，「文化」をつくり，それを環境に応じて変化させて生き延びてきました。その結果，さまざまな特徴をもつ社会や集団がつくられ，時には集団は統合し，時には葛藤を起こし，しばしば戦争も引き起こしています。

　このようなことは，人間に最も近い種であるチンパンジーにはできません。実は，霊長類学者の研究では，チンパンジーも社会をつくり，文化をもっているといわれています。しかし，それを制度化し，社会規範や価値観にまで発展させ，さらに変容させるという芸当は人間にしかできません。

　このように考えると，人間にとって「集団」とは，地球上で生き残るために必要不可欠なものだったといえるでしょう。

社会心理学が扱う集団

社会心理学では古くから(といっても19世紀の末くらいからですが)、集団について研究してきました。それらの研究の根本的な疑問は、「個人が集団になると、思ってもみなかったことが起こる」という点です。例えば、フランスの心理学者、ル・ボンは、人々が群衆になると、理性的な判断力が失われ、暴力的になったり、普段からは考えられないような衝動的な行動に出たりすることを指摘しました (Le Bon, 1895)。まさに集団になると「人が変わって」しまうのです。つまりル・ボンの考え方は、人が集団になると「群衆心理」というものが呼び起され、全く違った人格になってしまうというものでした。ル・ボンの研究がこれほど有名になった理由のひとつは、個人と集団の対比という視点を心理学的に分析したからです。そして、それ以来社会心理学では「個人と集団との関係」が中心テーマになってきました。

集団とは何か

ル・ボンが研究対象とした「集団」は、フランス革命時のフランス人の群集でした。この集団は、普段私たちが過ごしている集団、例えば学級、職場、地域社会などとは、違っているように思えます。当然、その中での個人の振る舞いも違ってくるでしょう。つまり個人と集団の関係を研究するには、集団の性質を知ることが重要になります。社会心理学では、そのためにさまざまな基準で集団を定義して

きましたが，その中でも最も代表的で，最も重要なものは「集団はメンバーの関係性の総体である」という考え方です。集団を構成している個々の人のみならず，人同士の関係こそが集団の本質なのだというアイディアは，20世紀半ばに，「社会心理学の父」といわれるクルト・レヴィンによって紹介されました。

　レヴィンは人と人とのつながりや，集団の特徴を明らかにする学問分野として「グループ・ダイナミックス」という言葉を生み出しました (Lewin & Cartwright, 1951)。この言葉が意味するのは，集団（グループ）は決して静的で安定したものではなく，その内外で，文字通りダイナミック（動的）に変化しているものだという考え方です。例えば，ビートルズの解散の理由はメンバー間の軋轢でしたが，その原因として，それまでバンドのマネジメントを請け負ってきたマネージャー，ブライアン・エプスタインの死や，レノンの恋人だったオノ・ヨーコの存在を他のメンバーが快く思っていなかったことなど，さまざまにいわれています。ただ，これらの原因すべてに共通するのは，バンドメンバー以外の誰かの影響力が強まったり弱まったりした結果，メンバー間の関係まで変わってしまい，結果的には世界最高と呼ばれるバンドの解散という現象につながってしまったことです。このことは，ビートルズという集団が静的なものではなく，常にバンド内外の影響の中で変化してきたことを示唆します。そして，これはビートルズだけではなく，私たちがつくるすべての集団に当てはまることです。

その意味で，集団を見るには集団内外のメンバー同士の関係性とそのダイナミックな変化こそが重要となるはずで，グループ・ダイナミックスという言葉はそれを体現したものです。

レヴィンはこの考えに基づいて「場の理論」なるものを提唱しました (Lewin & Cartwright, 1951)。その考えは非常に抽象的で，理解しにくいものです。その最も重要な考えは，集団＝人間の集まり，ではなく，集団＝人間同士の「関係性の集まり」とみなすことです。

関係性に注目するとわかること

集団を関係性の集まりと捉えると，これまで見えなかったものが見えてくることがあります。例えばいじめの問題です。集団でのいじめは，自殺などの大きな事件を引き起こすこともあり，現在の日本では社会問題のひとつとして認識されています。

いじめがなぜ起こるのか，防ぐにはどうしたらいいのかを考える際に，私たちは，つい「いじめている側」と「いじめられる側」の2者に注目し，彼ら，彼女らの性格や特徴といったものだけに焦点を当てがちになってしまいます。しかし，いじめという現象は，本当にその2者だけによって起こっているのでしょうか。集団の関係性に注目する立場からすると，その答えはノーです。

いじめが大きな事件になってしまうほどエスカレートする背景には，いじめが起こっていることはわかっているのに，それを止めさせない傍観者が存在することが多いとい

う指摘があります（山岸，2000）。傍観者はいじめに加担はしませんが，いじめられる人をかばったり，先生や上司に知らせたりすることもしません。その行動の背景には「そんなことをしたら自分もいじめのターゲットになるかもしれない」という恐れがあります。いじめっ子と傍観者の間には，そのような感情を抱かせる「関係」が成立しているのです。そして集団の中のほとんどがいじめっ子に対してそのような潜在的恐れを抱く傍観者だった場合，いじめのターゲットとなる人には逃げる場所がありません。精神的にも追い詰められ，最悪の場合には自殺というケースも起こります。もし，仮に数名の傍観者が，勇気をだして止めさせようとすれば，そのような事態は防げるかもしれません。つまり，いじめの当事者同士ではなく，「いじめっ子 – 傍観者」という関係性がいじめ防止の鍵を握る場合もあるのです。

このように，ある集団の現象が起こった場合，その現象に関わっている当事者だけに注目していてはわからないことがあります。当事者をも含めた，集団全体の関係性を把握することが重要となるのです。

関係性をどのように扱うかに関する3つの立場

この本では，集団を「関係性の集まり」と捉える3つの立場を紹介し，それぞれの立場から，関係性とは何か，それをどう分析するのか，を紹介していきたと思います。その3つとは「社会的交換」「文化心理学」「社会構成主義」です。これら3つは，集団の関係性に重点をおく立場です

が，もうひとつ共通しているのは，それぞれが「個人がいかに集団をつくるか」を理論的に説明しようとしている点です。

　関係性を強調する社会心理学の研究は数多くありますが，それらのほとんどは，集団の中で個人がどのような影響をうけるか，という「集団の中における個人の心理」に焦点を当てています。ここで紹介する3つの立場は，それのみならず「個人の心理がどのように集合行動をつくっているか」を理論的に説明することを目指しています（表0-1）。つまり，社会心理学の中で，関係性に注目し，かつ集合現象の説明を試みている立場を取り上げるのが本書の特徴です。

　それら3つの立場については，次章から詳しく説明したいと思います。

　先ほど，この3つの立場を取り上げたのは，個人がいかに集団や集合現象をつくっていくかを説明しようとしているからだと述べました。その背景にあるのは，現実に起こっている社会問題を分析し，それに対して効果的な対策を提唱するためには，典型的な社会心理学のもつ「集団→個人」の分析だけでは不十分で，「個人→集団」の分析が不可欠だ，という筆者らの考えです。したがって，本書では，現在の日本の集団で起こっている問題や変化を題材に，それぞれの立場からこれらの現象をどのように分析するかを述べ，それを通じて集団の関係性をどのように捉えているかを明らかにしていきたいと思います。

表 0-1 集合現象を説明する 3 つの立場

	関係性の焦点	イメージ	典型的な分析対象
社会的交換	個人と個人との間の資源の交換		独立した個人による対人的環境の中での意思決定
文化心理学	文化と心との間の相互構成		文化に埋め込まれた個人の意思決定や認識の仕方，感情
社会構成主義	研究者と研究対象との間の共同実践		人々が相互作用する中で立ち現われてくる「主観的現実」

この三者は，「理論」という名前がつくものもあれば，「学」や，「主義」と呼ぶものもあり，厳密に考えると，次元は異なっています。具体的に，社会的交換理論は，理論という名の通り，社会心理学に限らず，社会学，経済学，文化人類学など，社会科学に横断的な理論的枠組みです。また，文化心理学は，心理学の一分野で，心と文化の相互構成過程に主眼をおいた心理学と位置づけられます。一方，社会構成主義は，論理実証主義に対するアンチテーゼという意味合いが強く，社会学や言語学などの分野に横断的な研究哲学です。このように，三者は，単純に並列できるものではありませんが，「集団の関係性を捉える見方」という点で共通しています。具体的事例をもとに，三者がいかに問題を切り取るかを示すことが，本書のねらいです。

変わりゆく日本の集団

「地縁, 社縁, 血縁が崩壊し, "ひとりぼっち" が急増するニッポン。無縁死はもはや他人事ではない――！」。2010年1月にNHKによって放送されたドキュメント「無縁社会」は, 視聴者からの大きな反響を呼びました。この番組は, ひとりで亡くなり, 引き取り手もない「無縁死」の実態をセンセーショナルに描き出したものです。同じ年の2010年, 350名もの高齢者が所在不明になっているという「消えた高齢者」問題も起こっています。

人と人が, どのようにつながりながら生きるのか。こうした問いは, 人生の最後を迎える場面だけではなく, 働き方や, 家族のあり方, また, 私たちが生活していくさまざまな場面で登場します。例えば, 近年では,「職場でのいじめやパワハラ」の問題, またそれによって精神疾患をかかえてしまったり,「ひきこもり」に陥ってしまったりする問題がクローズアップされています。そもそも, 就業年齢になっても働こうとしない「ニート」や, 不安定な身分のままで働く「フリーター」の問題もあります。また, 家族関係に関しては, 結婚をしないで生きていく人々も増えています。「婚活」という言葉は, 結婚のために自分磨きや関係をつくっていく活動が重要だと訴えます。普段の人間関係でも,「KY（空気が読めない）」「キャラ化」など, 人と人との関係性を意識する場面が出てきます。直接の知りあいではない相手とはどうでしょうか。2010年には, 児童養護施設に匿名でプレゼントを贈る行為が爆発的に広がる「タ

イガーマスク現象」が起こりました。これは，2011年の東日本大震災の際，古着を含む，被災地への「善意の救援物資」が山のように届いた現象とも共通しています。

　こうしたさまざまな現象の根底には何があるのでしょうか。個々人の心や行動が変わった，と考えることもできます。もしくは，大きな社会のシステムが変わってしまった，と考えることもできるでしょう。しかし，その両者とも，納得できる答えを用意できているようには思えません。その理由は，心や行動が変わった（あるいは，変わったように見える）のはなぜかについて，そして社会システムが変わったのはなぜかについて，きちんと説明していないからです。

本書のねらいと構成

　本書で取り上げる3つの立場は，社会的交換，文化心理学，社会構成主義です。これらはそれぞれ独自の歴史があり，当然のことながら，それぞれの立場が得意とする分析や，解くべき問いに対する視点は違います。例えば，社会的交換理論では，「つながれない社会」について，なぜ，そうした困難が近年になって問題化してきたのかに切り込みます。文化心理学では，「つながれない社会」について，なぜ，その困難の解消が難しいのかに切り込みます。一方，社会構成主義では，「つながれない社会」について，そもそも本当に困難なのか，誰にとっての困難なのかを問い直します。

　本書で提供するのは，変化を理解するためのものの見方

です。したがって，今起こっている困難をすぐに解決する即効性のある処方箋ではありません。しかしながら，それぞれの立場から，処方箋を作るための指針を提供することはできます。各章の章末では，良いつながり方はどのようなものか，提案をしています。

■ 引用文献
Le Bon, G. (1895). *La psychologie des foules*. Paris: Alcan.（桜井成夫（訳）(1993). 群集心理　講談社）
Lewin, K., & Cartwright, D. (Eds.) (1951). *Field theory in socail science*. Nueva York, EUA: Harper & Brothers.
山岸俊男 (2000). 社会的ジレンマ―「環境破壊」から「いじめ」まで　PHP研究所

第1章

社会的交換
「組み込まれた長期的関係」から「つくりだす短期的関係」へ

「ひとり」の意味と無縁社会

　「ひとりでいること」には多義的な意味があります。

　「ひとり」から連想されるのは，まず，ある人の集まりから切り離された，また人とのつながりを拒否した，「孤立」した人間像です。「ひとりぼっち」という言い方は，暗にこの人間像を示唆します。そして「無縁社会」が問題視されるのは，既存の社縁や地縁，血縁が崩壊し，その結果，人々がばらばらになり，まさに孤立してしまうからといえるでしょう。

　一方，「ひとり」には，ある関係や組織から独立しているという意味あいもあります。例えば「一匹オオカミ」という比喩があります。ここで想定されているのは，孤立のようなネガティブな人間像ではありません。むしろ，誰にも頼らず「独立」して，自分の考えや信念に従って生き残る能力のあるもの，というイメージが強いでしょう。特定の会社や組織に属さずに，自分で起業したり，フリーの記者やカメラマンとして働いていたりする人たちは，この「独立している」人間像に当てはまります。そしてこの人間像にネガティブな意味あいが含まれないひとつの理由は，ここに当てはまる人たちが，ある関係や組織から独立しなが

らも，常に社会と関わり，社会や取引のパートナーに対して貢献をしているからです。

　ここで興味深いのは，「ひとり」にはこのように2つの意味があり，どちらとも注目されてしかるべきはずなのに，「無縁社会」が大きな反響を呼んだことから推測されるように，こと日本では，前者の孤立的な「ひとり」に関心が集まりやすいということです。その理由は，単に日本人にもともと独立心が欠けているからかもしれません。しかし，では，なぜ日本人に独立心が欠けているのでしょうか。それはもしかすると，単に日本人には縁を重視する心性が強く，その縁が壊れることは日本人の心に危機的な影響を与えるからかもしれません。しかし，では，なぜ日本人は縁を重視するのでしょうか。このように，「独立心に欠ける」「縁を重視する」という「心性」にのみ，その理由を求めると，次には「なぜそうした心性が日本人に備わっているのか」という問いがでてきます。つまり，問題を別の問題に置き換えて，先送りにしています。心性を理由としている限り，その先送りは終わらず，いつまでも答えは得られないままです。

　本書は，このような問題の先送りに陥らずに，心性を説明しようとしています。それは関係性に注目することです。ある社会関係のもつ特徴が，特定の心性を生み出す原動力となり，それによって規範や文化や社会現象が起こっているという考え方です。

　このように関係性に着目するアプローチにはいくつかありますが，本章では，社会的交換理論をもとにして，人間

関係の原理を考えてみます。そして，既存の人間関係の維持をするか，もしくは新しいパートナーと関係を構築するかは，人々が生きる社会環境によって変わることを示します。最近までの日本社会は，閉鎖的な互恵関係を築いていくことのメリットが大きい社会環境でした。そこにおいて人々はそういった依存関係のなかで決まった相手と安心して付きあう行動原理を採用するようになります。しかしその社会環境は，現在，大きく変わり，そうした閉鎖的な互恵関係が崩壊したことで孤立的な「ひとり」を生み出しているといえます。本章の最後では，孤立的な「ひとり」ではなく，独立した「ひとり」になるための解決策を示します。

大規模な社会的交換ができるヒトという動物

　私たちヒトが「社会的動物」といわれる所以は，他の霊長類と比較できないほどの大規模な集団生活を送っていることにあります。この集団生活の基盤となっているのが，他者に協力するという，相互依存関係です。霊長類でも2頭の個体が互いに毛づくろいするという行動のように，相互依存関係は存在します。しかし，彼らが意図的に相互依存関係を作りあげているわけではなく，相手のリクエストがあればそれに応える，という行動が相互に起こることによって，結果的に相互依存関係のようになっているにすぎません（Yamamoto et al., 2009）。これに対してヒトの場合，他の霊長類とは異なり，相互のやりとりを意図的につくりだします。そしてそのやりとりには金銭，物品，助け，愛，

地位，情報などさまざまな資源が用いられます。さらに血縁を超えたさまざまな個体間での相互依存関係を成り立たせています。

例えば，江戸時代の村社会では，生活のために各世帯がさまざまな援助をしあうという「互恵的関係」があったことがわかっています。共同の畑の治水管理をするための労力や，家の修繕，冠婚葬祭の手伝いなど，多くの面でお互いの資源の交換，つまり社会的交換がなされていました（青木, 2001）。

社会的交換とは，もともと，1900年代に，文化人類学者のフレイザーが，「交差イトコ婚」と呼ばれる特殊な婚姻体系が世界のさまざまな場所で起こっているのはなぜか，という問いに答えるために考案した「ものの見方」です（Frazer, 1919）。彼はこの特殊な婚姻を「嫁と家財（あるいは嫁同士）の交換」とみなせば，合理的に説明できることを明らかにしました。それをきっかけに，社会的交換の考え方は，心理学や社会学に輸入され，それぞれの分野で発展してきました。それらの考え方を総称して「社会的交換理論」と呼びます。その定義はシンプルで「人や組織間の関係を有形無形の資源のやりとりとみなすこと」です。その意味で，これはある種の「ものの見方」である，分析のための視点です。

社会的交換のなかでも，最もわかりやすいものは経済交換です。労働力を会社に渡し，賃金をもらう，欲しい商品を手に入れる代わりにお金を支払う，こういった経済交換は至るところで観察されます。社会的交換は，その考え方

を，金銭や労働といった経済資源以外にも拡張したものです。上記の霊長類の例では，毛づくろいという「サービス」をやりとりしますし，恋人同士は「愛情」を与えあっています。社会的交換理論では，こうした資源のやりとり（つまり交換）こそ相互依存関係の本質とし，「互いにとってよい状態を生み出そうとする」という意図のもと，いかにお互いが協力行動（資源を渡す行動）をとれるのかを分析します。

社会的交換の特徴

　金銭，労働力など，経済的交換以外の資源の交換も扱うのが社会的交換ですが，それら資源の種類によっては「交換の仕方」も違ってきます（Foa & Foa, 1975）。例えば，恋人同士は愛情の交換をします。愛情そのものは目に見える資源ではないので，相手に対する優しい振る舞いや気遣い，一緒に過ごす楽しい時間などが具体的な資源となります。ただし，それには条件があります。自分の好きな人からの優しさでないと資源として認識されないということです。つまり，「愛情」という資源は「誰からもらえるか」がとても重要なタイプの資源であるということです。自分が好意を寄せる人や大切だと思う人からの愛情資源は，他の人からは手に入りません。ですから，それらの人との関係を大切なものだと考えて，長い関係を保とうとします。

　それに対し，金銭の場合はどうでしょうか。好きな人からもそうでない人からも1万円をもらったら，その経済的価値には違いはありません。この意味でお金は「誰からも

らうか」によって価値が変わりにくい資源です。したがって,「よりお金をもらえる関係」があれば,それまでの関係を切ってでも,そちらに乗り換える人が多くいます。例えば,オークションでより高い金額で入札した人と取引をする場合や,スポーツ選手が高額年俸を理由に移籍する場合などです。

　このように,社会的交換では,交換される資源の特質によって,いろいろな交換のパターンが生じますが,その資源の特質そのものも社会関係によって変わる,という複雑な側面があります。

　以前,大ヒットしたドラマ『北の国から』にはその典型的なエピソードが描かれています。ドラマのなかでは,北海道の田舎の中学を卒業した主人公が,就職のために故郷を後にするとき,父親から餞別として1万円札を2枚もらいます。自分の家が貧乏であったこと,そのなかで父親がやっとの思いで工面した札の端が泥で汚れているのを見て,主人公は嗚咽します。その後,就職しても主人公はその2万円を決して使わず,お守り代わりに持ち歩いていました。そんなとき,主人公は勤め先の工場で,自分のことを良く思っていない先輩にロッカーを荒らされ,その2万円を盗まれてしまいます。先輩はそのことがバレると開き直って,弁償すればいいんだろ,といったようなことを,小馬鹿にした態度でいいました。主人公は,我を忘れてその先輩に殴りかかってしまいます。

　お金がただの経済交換の財ならば,先輩がその2万円を別の札で返せば,それで問題はないはずです(正確には先

輩が借りていた期間分の利子がつくことになりますが、それもせいぜい数円の話です）。しかし、この話を読んでわかるように、その泥のついた2万円は、主人公にとっては、ただの2万円ではなく、「父親の気持ち」という資源をもった特別な財なのです。先に述べた愛情の交換と同様に、その2万円の価値は別の札で代替できるものではありません。その意味で、主人公にとってこの2万円は単なる経済価値を超えた、社会的交換の資源となっています。

これ以外にも、「ジョン・レノンが使ったギターの弦」「ピカソの使っていた筆立て」のようなものが、オークションでとてつもない高額で取引されることがあります。このように社会的交換は、資源に目に見えない「価値」が備わることがあるのです。

これらの例はまた社会的交換について、もうひとつ重要なことを示しています。それは資源の価値は、「渡す人よりももらう人の方が高い」ということです。ドラマの例でいえば父親は単純に2万円を主人公に渡しただけですが、主人公にとってその2万円は通常の2万円よりも主観的に高い価値をもっています。ギターの弦もジョン・レノンにとってはただの弦ですが、それを受け取るオークション落札者にとってはそれ以上の大きな価値をもちます。

このことは普段のさまざまな交換でも行われています。例えば、喉が渇いたので、ある人がコンビニでペットボトルの水を120円で買ったとしましょう。このとき、その人にとって水は120円を払っても惜しくない価値をもっています。すなわち120円より高い価値があると思っているた

め，120円を失ってでも水が欲しいと思うのです。対してコンビニ側では，水をあげてでも120円を欲しいと思っています。つまり，お互いに資源の価値はもらう側の方が高くなっていて，そのときに交換が成り立っているのです。

社会的交換と相互依存関係

これまで述べたように社会的交換は経済交換ではカバーしていないような資源のやりとりまでをも分析の対象にしています。

しかし，社会的交換にせよ経済交換にせよ，先に述べた「相互依存関係」という点では共通しています。自分の利益が相手の行動によって変わるような関係は，社会的交換でも経済交換でも同じです。そして最も重要なことは，相互依存関係のもとでは，各人の得る結果が自分だけの選択や戦略では決まらないという点です。

例として，2軒のガソリンスタンドを考えてみましょう。2軒のガソリンスタンドのうち，ガソリンスタンドAの1リットルあたりのガソリンの価格が140円，ガソリンスタンドBの1リットルあたりのガソリンの価格が150円であると仮定しましょう。Aの方が安いわけですから，多くの人はAを利用します。

それでは，Bはどうするでしょうか。そのままの価格で売り続けるでしょうか。それとも価格を変えるでしょうか。BがもしもAと同様に140円にしたら，サービス等の他の質が同じだと仮定すれば，ともに同じ程度の売り上げが期待できるでしょう。一方，Bが135円にしたとすれば，さ

らなる価格競争になり，Aを利用する客が減少するのに対し，Bを利用する客が増え，売り上げが上がるでしょう。

この例からもわかる通り，相互依存関係のもとでは，各人の得る結果は，他の人の選択や戦略に依存して決まるわけです。

この例はビジネス場面のものでしたが，もっと単純に恋人同士がお互いに好きで，愛しあっている状況も相互依存関係です。お互いに相手に心理的に頼っているという点で，相互に依存しています。冒頭で述べた「ひとり」とは，社会的交換の観点からいえば，この相互依存関係を——特に心理的な相互依存を——もてない状態といえます。後ほど詳しく述べますが，経済的交換のみを行い，誰とも社会的交換関係を築けない状態では，心理的な資源を得ることができなくなってしまいます。それが，孤独感をもたらし，鬱や引きこもりなどの社会問題にもつながっていくと考えられます（渡部，2012）。

では社会的交換関係を築くためにはどうしたらよいでしょうか。その点を探るためには，社会的交換の本質である「相互依存」について詳しく調べなくてはいけません。このような相互依存を分析するモデルとして最もよく知られているのは，「囚人のジレンマ」という状況です。この囚人のジレンマという名前は，次のような架空のストーリーがもととなってできました。

あるとき泥棒を働いた2人組が逮捕されました。その2人組にはまだまだ余罪がたくさんありそうです。それを立証するには本人たちの自白が必要となりますが，取り調

べに対して2人は頑として余罪を否定しています。そこで，2人の自白を引き出すために保安官は一計を案じました。

まず2人を別々の部屋に置き，全くコミュニケーションが取れないようにします。そしてそれぞれの部屋に行き，このような話をします。

「お前が相棒と犯した他の罪について，認めるのも認めないのも自由だ。もしお前たち2人ともが認めれば，今回の罪と余罪を併せて5年は懲役を食らうだろう。だが，もし相棒より先にお前が余罪を認めれば，お前は釈放してやろう。その代わり相棒は8年牢屋にぶち込まれるだろう。ただし，相棒が先に余罪を認めたら，逆だ。相棒は釈放でお前が8年の刑になるだろう。このままお前たちが2人とも認めなければ，今回の罪だけの立件になるので，2年くらいの懲役だろう。よく考えて余罪を認めるかどうか決めるんだな」

この状況を整理すると次のようになります。図1-1を見て考えてみましょう。それぞれの囚人にとっては，自白するかしないか2つの選択肢があります。そして，相手が自白するかどうかで自分の利益が変わります。相手が自白し

囚人B \ 囚人A	黙秘	自白
黙秘	懲役2年 / 懲役2年	懲役なし / 懲役8年
自白	懲役8年 / 懲役なし	懲役5年 / 懲役5年

図1-1 囚人のジレンマの例

ないとき，自分は自白すると「釈放」，自白しないと「2年懲役」という結果になります。この場合は，自白した方がより利益は高いといえます。相手が自白するとき，自分が自白すると「5年懲役」，自白しないと「8年懲役」です。ならば自白する方がよいでしょう。そう考えると，相手が自白しようとしまいと，自分は自白する方が得になります。ですので，この場合には「自白」を選択するべきということになります。

このように，この状況は相手の選択にかかわらず「自白する」ことが利益になります。ただし，これは相棒にとっても同じです。よく考えた 2 人の囚人は，自己利益を追い求めた結果，自白という相手への裏切りを選択してしまう構造になっているのです。2 人とも自白するとそれぞれが 5 年の懲役です。ここで 2 人がお互いに「協力」して自白をしなかったら，懲役 2 年で済んでいたのに，結局お互いが裏切りを選択して「懲役 5 年」というより悪い結果を招く構造になっているのです。

この状況は実は社会的交換の根本問題を示しています。いま A さんと B さんが資源交換をすると考えましょう。このときに，A さんも B さんも相手に自分の持っている 10 の価値のある資源を渡すと考えましょう。今 10 の価値のある資源は相手に渡るとその価値が倍になるとします。これは先に述べた「資源の価値はもらう側の方が高い」状況と考えてください。しかし，このときにそれぞれが資源を「渡す」「渡さない」の 2 つの選択肢があり，それを，一回限り「せーの！」で行うとしましょう。このとき，状況

は上に述べた囚人のジレンマと同じことになります。

図1-2を見ながら考えていきましょう。Aさん、Bさんそれぞれにとっては、相手が資源を渡してくれるかどうかで自分の利益が変わります。相手が渡してくれるとき、自分は渡さないと20（渡してもらった資源×2倍の価値）+10（自分の手持ちの資源の価値）=30の資源を得ます。自分が渡すと20（渡してもらった資源×2倍の価値）のみの資源を得ます。この場合は、渡さない方がより利益は高いといえます。では相手が渡さないときはどうでしょうか、自分が渡すと利益は0になります。渡さないと手持ちの10の資源をキープすることになります。ならば渡さない方がよいでしょう。そう考えると、相手の行動にかかわらず、自分は渡さない方が得になります。つまり、自己利益を考えれば、この場合には渡さないを選択するべきということになります。

しかし、2人ともが渡さない選択をすれば、お互いの10の資源のみを持つことになり、2人ともが渡す選択をした場合よりも悪い結果になってしまいます。2人がお互いに渡しあえば「それぞれ20の資源を得る」ことができるか

Bさん \ Aさん	黙秘	自白
渡す（協力）	20 / 0	30 / 0
渡さない（非協力）	0 / 30	10 / 10

図1-2　実験室実験での囚人のジレンマの利得構造の例

らです。社会的交換ではお互いに資源を渡しあって初めて「交換が成り立つ」といえます。この例では，交換が成り立てばお互いに得をするのに，個人的にもっと利益を追い求めると，かえって交換が成り立たないという「ジレンマ」が生じています。この点で，囚人のジレンマは社会的交換のもつ根本的な問題——「自己利益を追求する個人が，協力しあって相互依存関係をつくれるのはなぜか」を示しているのです。

長期的関係での協力と戦後の日本社会

これまで見てきたように，囚人のジレンマは社会的交換の分析のために，とても重要な問題を示しています。研究者たちは，この囚人のジレンマ状況で人がどのような行動をとるかを実験的に調べたり，囚人のジレンマの状況を少し変えて数学的に分析をしたり，さまざまな方法で研究を重ねてきました。それらのなかでも，社会的交換を知る上で，最も重要な研究を紹介しましょう。

ミシガン大学の国際政治学者であるロバート・アクセルロッドが行った「コンピュータ選手権」の研究です（Axelrod, 1991）。アクセルロッドは，自己利益ばかり考えるエゴイストの集団で協力が発生することは可能なのか，という問題を解こうとしていました。アクセルロッド自身は国際政治学者なので，その問いの背景には「自国の利益だけを考える国際社会で相互協調は可能なのか」という政治学の問題があります。しかしこれは社会的交換の観点からしても「自己利益を追い求める人々がお互いに資源を渡

し，相互依存関係を形成できるのか」という問題と同じであり，とても重要な研究といえます。

この問題に取り組むにあたって，アクセルロッドはとてもユニークな研究方法を取りました。それは，当時，囚人のジレンマを研究していた世界中の研究者に「囚人のジレンマで最も利益を上げることのできる『戦略』を考えてほしい」と手紙を書き，囚人のジレンマのコンピュータ選手権を行ったのです。

その内容は以下のようなものでした。囚人のジレンマを繰り返し行うときに，どんな場合に「協力」（資源を渡す）するか，またどんな場合に「非協力」（資源を渡さない）かのルールを示した「戦略」を研究者から募り，その後提出された戦略を総当たり戦で対戦させます。そこで，どの戦略が，最も平均利得が高いか，つまり優勝するかを調べるのです。

上の説明に従えば，囚人のジレンマではその構造上，常に資源を渡さない「非協力」を選択することが利益最大化につながるはずです。しかし，面白いことに，お互い非協力になる「共貧」よりもお互いに協力する「共栄」の方が利益は高いのです。したがって，どんな戦略が「本当に」利益を最大化できるかはそう簡単にはわかりません。

この選手権は合計2回行われました。最初は15戦略で行われ，その結果が発表されると，世界中の研究者から，さらに戦略が集まり，63戦略で2度目の選手権が行われました。そして，面白いことに2度とも同じ戦略が勝ったのです。その戦略はコンピュータプログラムにしてわずか4

行の非常にシンプルな戦略で,「応報戦略」あるいは「しっぺ返し戦略」と呼ばれるものでした。

この戦略では,初回は必ず協力します。その後は,前回の相手の手を真似します。相手が前回協力ならば協力を,非協力ならば非協力を返すのです。驚くべきはこの戦略は一度として相手を打ち負かすことはありませんでした。しかし,どんな相手にでも一定の強さを発揮し,平均すると最も利益を上げることのできる戦略でした。

その後,応報戦略については膨大な数の研究が行われましたが,大きく分けて2つのことがわかっています。ひとつは,応報戦略は人間社会で広く使われており(渡部,1992),そればかりか人間以外の生物も取る戦略であること(Milinski, 1987),もうひとつは,応報戦略がうまく働くためには,長期的な関係が必要だということです。

ここで大切なのは後者の方で,応報戦略は相手との付きあいが短いとうまく働かないというものです。極端な例を考えてみましょう。いま,図1-2にあるように10の資源を受け渡す交換をするとします。相手がいつも非協力をとる戦略だった場合,最初は,相手に30,応報戦略は0になってしまいます。その後,応報戦略は非協力に転じますので,2回目以降はずっとお互い10のままです。このとき,繰り返しが2回だけだったら,総合点では非協力戦略は40,応報戦略は10で,大きく差が開いてしまいます。しかし,これが1万回続くと考えてみると,最初の20の差は,それ以降の累積点数の増加によって,どんどん小さな割合となり,2戦略の差はそれほど大きなものではなくなりま

す。つまり，繰り返し回数が少なくなればなるほど，応報戦略は非協力的な戦略に水を開けられる可能性が高くなって，不利になってしまいやすいのです。

　逆に考えると，長期的な関係では，応報戦略と対戦する人（や国など）は，協力的になっておいた方が得になります。この例のように，1万回続く場合，1回目をのぞいたすべての回で非協力戦略は10の資源しか得られません。しかし協力する戦略と応報戦略が対戦すると，すべての対戦で両者とも20の資源を得られるのです。この繰り返しが長ければ長いほど，非協力的な戦略を取ることは，かえって利益を損ない，むしろ協力的でいた方が長期的には高い利益を得られることになります。

　このように考えると，多くの人が応報戦略的に振る舞い，人々同士の関係が長期的ならば，お互いに協力することができ，社会的交換における相互依存がうまく行われることになります。

　さて，実はこのことが，日本の「無縁社会化」の説明に役立ちます。日本社会は戦後から，基本的に「長い安定した関係」を志向してきました。例えば，日本の高度経済成長の柱ともいわれた「終身雇用制度」「年功序列制度」があります。これらは，いったん会社に勤めると，基本的に定年まで社員を雇用される制度であり，勤続期間が長いほど，待遇もよくなっていく制度です。

　このような制度のもと，必然的に職場での人間関係は長期的なものになります。その結果，職場での「縁」ができやすくなります。さらに，この制度では，社員が一生会社

に勤めることを前提としているので，会社は社員参加のイベントや社宅などの福利厚生を充実させます。その結果，家族を含めたコミュニティもつくられやすく，引っ越しもあまり行われません。そうすると，同じ顔ぶれの子どもたちが同じ学校で過ごす時間も長くなり，家族同士も知りあいになることが多く，ここでも「縁」ができやすくなります。社会的交換の見方からは，「長い安定的な関係のなかでお互いに協力的な関係を結びやすい」環境があったと考えられるのです。そこで「非協力的な振る舞い」をすると職場では左遷され，社宅では後ろ指を指され，学校の父兄会では噂の種になり……といった，心理的，経済的にさまざまな負担が起こるようになっています。これが「応報戦略」のように働き，大抵の人々は，本当にそうしたいかどうかは別として，会社のために身を粉にして働き，ご近所や学校で恥ずかしくない振る舞いをする，という行動をとりやすくなります。「しがらみ」という言葉は，こういった「世間の目，他人の目」を気にしつつ行動しなくてはならない窮屈さを表したものでしょう。

　戦後日本社会の基礎となった長期的関係は，しかし，年号が平成に変わった頃から徐々に崩れてきました。終身雇用，年功序列の制度も，現在ではほぼ崩壊しています。代わりに成果主義や派遣，一時雇用の制度がメジャーになりました。

　この長期的関係の崩壊が，なぜ起こったかについてはいくつか複合的な理由がありますが，最も重要なのは人口構成比の変化でしょう。終身雇用や年功序列制度は，欧米で

はむしろ特殊な制度で，日本社会の高度成長の一因とされてきました。日本の企業がこのような制度を維持できていたのは，戦後の日本の人口構成比のもとでは，終身雇用や年功序列が日本企業にとって「合理的」なシステムだったからです。

　戦争によって多くの人が亡くなった日本では，戦後「生めや増やせ」という号令のもと，多く子どもをもつことを推奨しました。その結果，子だくさんの家庭が増えました。今，お年寄りと呼ばれる方々，つまり戦後すぐに生まれた方々には，兄弟が10人以上いることも珍しくありません。戦後すぐに多くの子どもが生まれ，彼らが労働力として会社に貢献できるようになった昭和40年頃から，日本の経済的な成長は目覚ましいものになりました。

　その頃の日本の人口構成は，簡単にいってピラミッド型に近いものでした。つまり年長者が少なく，若者が多いという構成です。この人口構成のもとでは，終身雇用と年功序列を採用することで，最も働くことのできる若い世代を安い賃金で働かせ，数少ない年長者を管理職に置き，良い待遇を与えることが合理的になっていました。若い世代は，今は苦しいけれど，そのうち管理職になってよい待遇を得られるという「希望」をもって働くことができました。ただし，そのためには決して会社を辞めず，つらいことも我慢して尽くすという，「会社人間」になることも必要だったのです。

　このような社会のなかでは，いかに良い就職先を見つけるかが，一生を左右することになります。一流企業に入っ

てしまいさえすれば、あとは首にならないように頑張っていればそれなりの生活ができるようなしくみになっていました。

まとめていうと、この時代の日本では、長期的関係に人々を縛り付けるような制度によって、人々の相互依存関係を維持していたのです。

社会的交換の観点からすると、この時代の日本では「良い長期的相互依存関係」をもてる環境をつくることが、最も重要になります。具体的には、「できるだけ良い会社に入る」ことが、人々にとってとても重要な価値観となります。そのためには、良い大学に入ることが重要となり、受験勉強に心血を注ぐことが合理的な道となります。昭和40～50年代に「受験戦争」「教育ママ」といった用語がメディアで頻繁に使われたのは、このような背景があったからです。

このように、社会的交換を円滑に進めるための制度として、終身雇用制や年功序列制がうまく機能し、その制度に適応するような価値観や考え方が人々に浸透してきたのが、戦後から昭和の終わりにかけての日本社会でした。

長期的関係の崩壊

先ほど述べたように、この長期的関係を基礎とした日本の社会制度は、平成に入ったころから崩壊していきます。人口構成比が、先に述べたピラミッド型から、別の形に――極端にいえば逆三角形型に――変わってきたからです。かつて昭和40年代に若者だった世代の人口は多く、全員

を管理職にしていては，会社は立ちゆきません。それでも日本企業は，事業を拡大し，子会社，関連会社などに管理職ポストをつくっては，その世代の人々を送りこみ，何とかやり過ごしてきました。しかし，バブル経済の崩壊をきっかけに，高度経済成長は完全に過去のものとなり，事業拡大どころか事業の縮小や統廃合を進めない限り，倒産してしまう事態に直面した会社が多くありました。

当然のことながら，事業縮小を行えば，人員の整理，つまりリストラを行わなくてはなりません。そこでまず先に解雇されるのは，待遇の割にはあまり会社に貢献していない管理職クラス，かつて将来への希望をもって，苦しくとも頑張っていた若者だった世代です。彼らが次々に会社を辞めることになりました。こうして終身雇用制は崩壊していったのです。

ここで重要なのは，それが人々に心理的な変化ももたらすことです。終身雇用があった頃はみなが「今は苦しくとも，頑張っていればいつか給料はあがり，待遇もよくなる」という「希望」をもつことができました。また，「会社のために身を粉にして働くことはよいことだ」という価値観をもつことができました。なぜなら，会社のために働くことが，将来的に自分のためになる，という構造になっていたからです。しかし，終身雇用制の崩壊によって，自分の上司たちが次々と辞めていくのを見ると，そういった希望や価値観をもつことは難しくなります。ならば，今の待遇を良くしてくれる仕事場へと転職するほうが合理的になってきます。つまり，この心理的変化が，ますます終身雇用

制の崩壊に拍車をかけるのです。かつては，転職すること自体がとても珍しいことでしたが，その風潮はこの15年ほどで完全に変わりました。日本の組織が基礎としていた「長期的関係」が失われてしまったのです。

　このことは，社会的交換のあり方にも重要な変化をもたらします。上記に見たように，長期的な関係のなかでは，応報戦略的な振る舞いによって，大抵の人が協力的になります。しかし，それはあくまで「長期的には協力した方が得」という利得構造が生じるからであって，必ずしも「自ら進んで協力する人間性が育つ」からというわけではありません。もちろん，お互いをよく知ることのできる環境のなかで，親密な関係が生まれ，協力的になる，というプロセスはたくさんあります。しかし，そのような協力は長期的関係をもつ人々に対してのみ発生し，そのような関係の外にある他者に対して，協力しようとする傾向は育ちません。

　いくつかの研究でも，安定した長期的関係にある人々は，その関係の外にいる他者に対してあまり協力しようとしていないことが明らかになっています。例えば，清成らは実験室実験のなかで，参加者に，相手が協力をしてくれれば得するが，相手に裏切られるとひどい目に合う，という商取引のゲームを行わせました。そのゲームのなかで「利益は薄くても，裏切らないとわかっている相手と長期的に取引を続ける」行動をとった者，「より良い利益をもとめて，新たな相手との関係をもとうとする」行動をとった者，の2種類に参加者を分類しました。前者は，長期的，安定的

な関係を志向し，後者は新しい関係構築により積極的な参加者となります。清成らは，参加者に，自分が取引をした相手，していない相手に対しての信頼の程度をそれぞれ聞きました。そこでわかったのは，前者の長期的，安定的関係志向の参加者は，自分が取引をしていない相手に対する信頼が取引をした相手に対する信頼よりも極端に低くなっているということでした（清成・山岸，1996）。

またアメリカの政治学者であるフランシス・フクヤマも，安定した長期的関係を基礎とした家族主義は，その関係を越えて新しい関係を拡張することができないと主張しています（Fukuyama, 1996）。

これらの研究が示しているのは，長期的・安定的関係のなかにいる人は，自分たちの関係の外に対する信頼が低く，新しい関係構築に消極的だということです。このことは，長期的関係を基礎としてきた戦後日本社会で育ってきた日本人に，そのまま当てはまると考えられます。

短期的関係での相互協力と信頼

先に述べたように，こういった行動傾向をまだ人々が保持しているなかで，社会環境だけが大きく変わってしまいました。会社では，新しい人々が入ってきては一定期間でやめていき，昔は普通だった社宅や社内での催し物も消えていき，人間関係の流動性がどんどん高くなっています。社会的交換の立場から考えると，このことは応報戦略的な振る舞いに基づいた協力関係がつくられにくくなっていることを意味します。

その結果，何が起こっているでしょうか。職場での人間関係が円滑に進まず，職場では個人が「タコツボ的」に自分のブースに引きこもって誰にも相談せず仕事をします（高橋ら，2008）。または，長期的関係が見込めないならば今いるところで，人を裏切ってでも利益を得ようとする「フリーライダー」が会社組織に出てきます（河合・渡部，2010）。しかし，今のビジネスは複雑な相互依存によって成り立っており，円滑な社会的交換がなくては立ち行かなくなっています。結局，業績が悪化する事態になったり，失業率の上昇を招いたりしています。それらと連動して，社会的な面でも，離婚率が上昇したり，鬱やひきこもりが増加したりなど，ここで取り上げている「無縁社会化」が進んでいると考えられます。

　このように，現在の日本社会における人間関係は，安定的・長期的なものから，不安定的，短期的なものにシフトしてきました。しかし，日本の人々は，そのようななかで相互協力をつくりだすのにはどうしたらよいかわからないでいる，というのが現状のようです。結局は，安定した関係を求めて，終身雇用制に近い制度を残している「大手企業の正社員」の座を得ようと，大学生がその生活の半分以上をささげて「就活」する，などという事態が起こっています。その競争で勝ち残ったものは，昭和時代と同じ「安定」を得ることができ，同時に将来への希望ももてることになります。それ以外の人々は，非正規雇用，いわゆる「派遣」として，不安定な関係のまま社会を生きなくてはならなくなります。将来については希望よりも不安が付きま

といいます。このように，特に若い世代で，将来への展望に大きな差がでてきてしまい，社会学者の山田昌夫はこれを「希望格差社会」と名付けました（山田，2007）。

　しかし，先に述べた日本の人口構成比の変化に加え，世界のビジネスのグローバル化の流れを考慮すると，「大手企業の正社員」などの，安定的関係が保障されるようなポストは，これからさらに少なくなっていくと考えられます。私たちは今後，短期的で，不安定な関係のなかで生きざるを得ないのです。では，このような状況のなかで，社会の無縁化を回避し，お互いに支えあえる，効果的な相互依存関係をどうしたらつくることができるのでしょうか。

　その疑問に対するひとつの有力な回答は「信頼」の育成です。新しい短期的な関係でも，お互いに相手が協力的だと期待できれば――すなわち信頼できれば――相互依存関係を作ることができます。

　信頼という言葉は，日常でもよく使われ，その意味は多義的ですが，ここでいう信頼は一般に使われる信頼とは少し意味が異なります。

　第1に，それは親密な長期的関係で育まれる「信頼」とは違うものです。これから新しく関係を結ぶかもしれない相手に対してもつ信頼であり，人間関係の流動性が高い場面で重要となる信頼です。極端にいえば，見知らぬ他者に対する信頼を意味します。

　第2に，それは相手の「意図」に対する信頼に限定されます。社会的交換を行うためには，相手には2つの条件が必要です。まず相手は，価値ある資源をもっているという

こと。次に相手にその資源を渡す意図があるということです。前者は，例えばお金をもっているか，仕事のスキルがあるかなど，「能力」を指します。通常私たちは相手を「信頼している」というとき，この「能力」への信頼と「意図」への信頼を一緒にしてしまっています。

　例えば，あなたがフグを食べに行ったとしましょう。ご存じの通り，フグには猛毒があり，正しく調理しないと命に係わります。しかしお店でフグを食べる人は，自分は毒に当たって死ぬとは思っていません。それはフグ屋の板前さんを信頼しているからです。このとき，「板前さんにはフグの毒を取り除く十分な腕前がある」という信頼は，能力への信頼で，「その板前さんがわざと自分に毒を盛ったりしないだろう」というのが意図への信頼です。このように日常つかう信頼という言葉には，能力と意図に対するものが一緒になっています。ここで，実はその板前さんが自分のことを心底憎んでいる人だったらどうでしょうか。とてもそのフグ屋には行けないでしょう。なぜなら，その板前さんの能力は信頼できても，意図は信頼できないからです。

　このように，能力に対する信頼があっても，意図に対する信頼がなれければ，交換は絶対に起こりません。その意味で，より重要なのは意図に対する信頼であり，この項では意図に対する信頼に焦点を当てて考えてみます。

　これらをまとめると，ここでいう信頼とは「見知らぬ他者の意図に対する期待」ということになります。山岸はこの信頼を「一般的信頼」と名付け，日常使う「信頼」とは

区別しています（山岸，1998）。この項でも「一般的信頼」と呼ぶことにします。

さて，山岸らが行った一連の研究では，日本は米国に比較して，この一般的信頼の程度が低いことがわかっています。どこの誰かわからない相手に対して，日本人の方がアメリカ人よりも警戒心が高いのです。このことは，日本人は新たな社会的交換をすることに，比較的消極的であることを意味します（Yamagishi, 1988; Yamaighi & Yamagishi, 1994）。

上に述べた関係の流動性が高い今の日本社会で，人々の一般的信頼の程度が低いとどうなるでしょうか。既存の関係は切れやすくなり，新たな関係を結ぶことにも消極的で，その結果として「ひとり」が増える社会になってしまいます。当然，無縁化も進むでしょう。

戦後，昭和時代までの日本が長期安定的関係性を礎にしてきたことはすでに述べましたが，そこでは人々は一般的信頼よりも既存の関係での「安心」を追い求めてきました。「安心」とは，信頼と同じく，「相手が協力してくれるだろうという期待」ですが，信頼が「（相手は自分を裏切ったら得になる状況なのに）協力してくれるだろうという期待」なのに対し，安心は「（相手は自分を裏切ったら，最終的には相手自身が損するとわかっているから）協力してくれるだろうという期待」を意味します。つまり前者は，相手の人間性や善良さへの期待であり，後者は利得構造への期待なのです。

この意味で，日本社会は実は信頼を培う社会ではなく，

安心をもたらす社会だったと考えられます。そして，その安心は長期的関係——応報戦略的にみなが振る舞うことで協力した方が最終的には得になる関係——によって支えられてきました。その安心が崩壊して，信頼の力が重要となるのに，人々の心にはそれが備わっていないのが，社会的交換の観点から見た日本の現状です。人々は，社会的交換関係をもちたいと思っているのにもかかわらず，他人を信頼できないために，それができず「ひとりぼっち」になってしまうのです。

互恵性と信頼

　これまでの話を整理すると，無縁社会化を防ぐためには，人々はいまよりも高い一般的信頼をもつ必要があります。しかしこれには次のような反論があるでしょう。

　「自分だって，見知らぬ人を信頼できるものならば他者を信頼したい。でも，もし騙されたり，裏切られたりしたら大きな損害になる。そのリスクを考えると見知らぬ他者を信頼するなんて無理だ」

　この反論はもっともだと思います。しかし，これには2つの再反論が可能です。ひとつは，自分から信頼する相手に騙されたり裏切られたりする確率は，一般に人々が思うほど高くないこと。もうひとつは，騙されるリスクを抑えるための方策を取ることで騙される可能性を低くすることができるということです。順に述べていきましょう。

　いつでも誰にでも協力する人はほとんどいないでしょう。またいつでも誰にでも非協力的な人もまたほとんどいない

でしょう。大抵の場合，人は協力的に振る舞う場合も非協力的に振る舞う場合もあります。それを分けるのは何でしょうか。最も重要なのは，「相手が協力的かどうか」ということがいろいろな研究でわかっています。自分が率先して誰かに協力した場合は，大抵相手も協力を「お返し」してくれます。見知らぬ他者でも，自分に親切にしてくれた人には，裏切りを働いたりしません。このことは「互恵性」と呼ばれ，人間だけでなく，他のさまざまな動物でも見いだされている行動傾向です。

このことは1度きりの囚人のジレンマ実験によって，より精密に研究されています（渡部ら，1996; Hayashi et al., 1999）。別々の部屋に入った2名の参加者に，1度きりの囚人のジレンマを行ってもらいます。例えば参加者それぞれに500円が配られて，それを資源として相手に渡すかどうかを選択してもらいます。渡された金額は2倍になって相手に渡ります。ここではお互い渡しあう（協力しあう）と1000円ずつの儲けになり，お互い渡さない（非協力しあう）と最初に配られた500円だけ，しかし相手に渡させて自分が渡さないと合計1500円の儲けになる，という利得構造です。この選択は1度きりです。さらに参加者はお互い別々の部屋にいて，コミュニケーションは一切できません。相手の情報は何一つ知らされず，実験前も実験後も一切顔を合わせることもありません。完全匿名状態です。上記の応報戦略の研究から考えると，1度きりの囚人のジレンマでは，非協力的に振る舞う方が絶対に得です。しかも完全匿名状態なので，相手や実験者からの評価を気にする

必要もありません。このような場面ではかなりの程度非協力が起こります。しかし，ここで「互恵性」のチャンスが与えられた途端，協力率が跳ね上がります。さらに互恵性のチャンスが一切ない，とわかると大抵の場合協力率は下がります。

それを証明している実験を1つ紹介しましょう（渡部ら，1996）。この実験では，

① 2人が同時決定する
② 自分が先に決定するが，相手にはその決定は伝えられない
③ 自分が先に決定し，相手はその決定を知ってから自身の決定をする
④ 相手が先に決定し，自分は決定を知ることはできない
⑤ 相手が先に決定し，相手は協力したとわかっている
⑥ 相手が先に決定し，相手は非協力したとわかっている

という6つの条件を設定しています。このとき，互恵性のチャンスは3つのレベルに分かれます。ひとつは，相手または自分が協力したとわかっている，「確実に互恵的になれるレベル」です。ここでは自分か相手が協力を返すことで確実に互恵的行動が起こります。このレベルに相当するのは，⑤と③で自分が協力した場合です。もうひとつは，相手または自分が協力したことがわからない「互恵的になれるかどうかわからないレベル」です。このときは，協力を返すことで互恵的になるかどうか，可能性はあるものの

不確定な状況です。このレベルに相当するのは，①と②と④です。最後は，相手または自分が非協力だとわかっている「互恵的にはなれないレベル」です。片方が非協力ですので，相互協力の可能性はゼロになっています。このレベルに相当するのは，③で自分が非協力した場合と⑥です。

　結果は図1-3に示した通りで，1度きりの，もう会わない匿名の相手とでさえ，互恵的になれることが確実の場合（条件⑤）には大抵の人が協力を返すのです。そして条件③では大部分の人が協力しています。それにくらべ他の条件では，協力率は低くなっています。このように，1度きりでさえ，チャンスがあれば人は相互協力を目指します。

　これと同じ研究は日本以外の国でも何度も繰り返されていますが，「人は互恵性のチャンスがあれば協力的になる」ことは，比較的文化に左右されにくいことがわかっています（Hayashi et al., 1999）。このことから，人は大抵の場合，たとえもう二度と会わない他人でも，協力してくれれば協力を返すという「互恵性のルール」をもっていることがわかります。そう考えるならば，大抵の人は「相手が協力してくれれば自分も協力する」という暗黙のルールをもっているので，重要となるのは「相手が協力してくれるかどうか」の期待ということになります。

　これが先ほど示した「一般的信頼」そのものであることはもうおわかりでしょう。みなが「相手が協力すれば協力する」と思っているのに，よく知らない相手だからと相手を信頼できなければ，せっかく相互依存関係がつくれるチャンスのあるのに，それをフイにしていることになるので

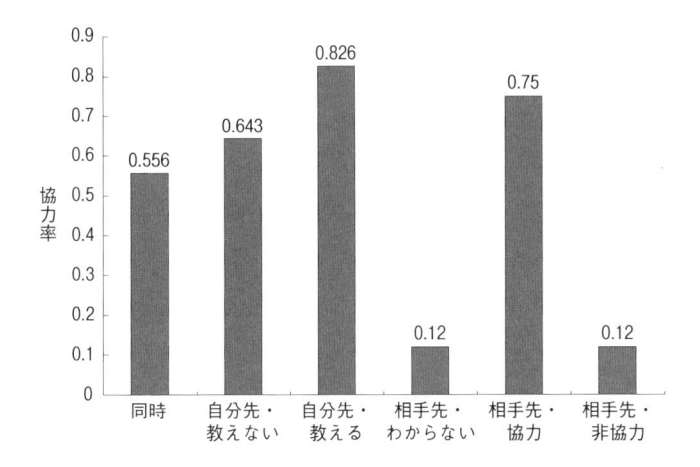

図1-3 1度限りの順序つき囚人のジレンマ実験の結果 (渡部ら, 1996)

す。

このことから、まずは他人を信頼してみる、ということがいかに大事なことか、おわかりいただけるのではないかと思います。

評判の重要性

見知らぬ人を信頼できないという論に対するもうひとつの反論は「騙されるリスクを抑えるための方策」です。この方策にはさまざまなものがあると思いますが、そのなかでも近年研究者の間で重要だと認識されている「評判」について考えてみましょう。

評判という言葉は日常でもよく使われる語ですが、大抵の場合、評判は、過去の行動をまとめて評価したものなので、ここでは「ある人物の社会的交換での行動予測をする

ために使われる，過去の行動の評価」と定義してみます。

さて，この評判について，興味深いデータがあります。「人の本当の性質を判断するのに，評判はどの程度役に立つと思いますか」という質問に，日本とアメリカの一般人に5段階で答えてもらった調査のデータです（山岸, 1998）。図1-4に見られるように，男女とも一貫して日本人の方がアメリカ人よりも「評判は役に立たない」と思っていることがわかります。つまり，評判の情報的な価値はアメリカ人よりも日本人の方が低い，と考えているのです。

極端に考えれば，評判を信じない人にとっては，新しい関係をつくるのはとても難しいことになります。どんな形であれ，評判が100%正確である保証はありません。したがって，評判をもとに新しい関係に飛び込んでいくことには，必ず「裏切られるかもしれない」というリスクを伴います。日本人の方がアメリカ人よりも新しい関係をつくるのが苦手な理由のひとつです。

一般的信頼を高くもち，他者を信頼し，新しい関係に飛び込むためには，もっと評判情報を上手に活用する必要が

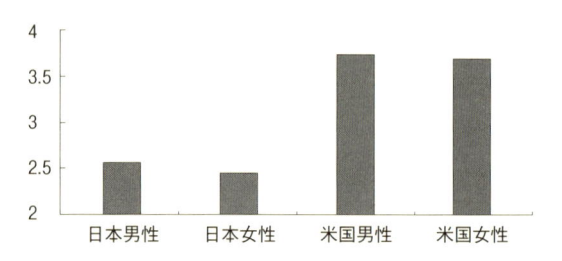

図1-4 評判がどの程度役に立つかの日米での評価 (山岸, 1998)
「人の本当の性質を判断するのにその人の評判は役に立つと思うかどうか」を5段階で評価（1：全く思わない－5: 完全にそう思う）

あります。今の日本人はその活用に慣れていないのだと思います。その原因にはいくつかあると思いますが，最も大きなものは評判情報の精度を高めるための方法や制度の不備です。

　例として，シリコンバレーで実際にあった転職のケースを見てみましょう。ご存じの通り，アメリカ，カリフォルニア州のサンノゼ近辺にあるシリコンバレーは，IT産業の世界の中心のひとつです。そこでは日々さまざまなイノベーションが行われ，世界を驚かせるような発明が為されています。そこで働く人々は，当然優秀な人が多いのですが，その分，よりよい仕事環境を求めて転職する人もたくさんいます。しかし，よい給料で引き抜いてきた社員が，まったく役に立たないケースも多く起こります。この場合，会社は契約により高い給料を払わなくてはいけない分，損をしてしまいます。その逆もあります。よい条件でヘッドハントされたのに，ふたを開けてみると全く仕事環境がよくなかったなど，個人にとっても会社選びはリスクを伴います。つまり，新しく社会的交換の相手として選んでも裏切られてしまうリスクが個人にとっても会社にとっても常にあるのです。

　このようななか，できるだけ社会的交換がうまくいくように，シリコンバレーでの転職では，徹底的に評判を活用します。ここでは会社側から見た評判活用の例を見てみましょう。

　まず入社希望者には，書類審査の後，チームリーダークラスが電話面接をして，ふるいにかけます。そこを通過し

た希望者は、その人が所属するであろう会社部署のチームメンバーの数人と1対1の面接を1時間ずつ行います。その際、これまでどんな仕事をしてきたか、さまざまな場面でどんな意思決定をし、その理由はなぜか、仕事上最も困難だった状況をどのように乗り切ったか、などの過去の情報を本人から聞き出す他、仮想的な仕事の状況を具体的に提示し、希望者がどのような意思決定をするかを尋ねます。

さらにその後、希望者の前の会社の同僚やマネジャーなど3人を挙げてもらい、人事権をもつマネジャーが彼らの電話面接をして、希望者の過去の評判を聞きます。そのときにはできるだけ、部下、同僚、上司をひとりずつ選んでもらいます。ここでもし必要と判断されるならば、仕事とは関係のない、プライベートな付きあいのある友人にまで電話で話を聞くことさえあります。そうすることによって、希望者についての違った視点からの評判を得て、多角的な判断ができるからです。ここまでをパスして初めて役員面接に行くことができます。

ここで重要なのは、本人の弁と周囲の評価がどれだけ一致しているかです。多角的な評判情報を得ることによって、本人がどれだけの実力と一生懸命働こうとする意志（協力する意図）があるかをできるだけ正確に推し量ろうとしています。

それだけではありません。入社後も、3〜4か月に一度は360度評価（上司だけでなく、部下や同僚、部外者など、あらゆる角度からの評価を総合する評価方法）があり、自分の同僚3人に自分を評価してもらいます。その3人のう

ち，1人は必ず自分のチーム外の人間を選ぶというルールがあります。もちろん，これに加えて上司が部下を，部下が上司を定期的に評価しますし，特に評価者として指名されていなくても，誰でも秘密裡に人事にある人物の評価を送ることができるようになっています。

　ここで面白いのは，このように評判重視だからこそ，現在の職場でもよい評判を得るべく，社員は協力的になり，そのよい評判をつかって，さらにキャリアアップを図ろうとする，という点です。つまり，評判を活用するシステムにいる人々の行動が，ますます評判活用システムを強固なものにしているのです。

　シリコンバレーでの転職率は非常に高く，社会的交換の観点からすると，とても短期的だといえます。そのような状況でも，相互協力が成り立つように，評判情報を活用するのです。そして，重要なのは転職の応募は誰でもウェルカムであることです。一般的信頼が高いゆえに，間口が広く，その上で評判情報を活用して，最もよい交換相手を探そうとしています。

　評判情報を活用することで一般的信頼の水準を高く保つことができ，短期的な交換関係のなかでも相互協力を達成できることの，もうひとつの効用は，評判情報によってその人の人となりや性格，ある程度の個人情報などがすぐにわかり，長期的関係にいるのと同じように情報の共有ができるという点です。長期的関係が崩壊した結果，さまざまな問題が起こっている日本社会にとって，このことは重要な示唆を与えてくれるはずです。

評判活用の次にあるもの

　このように，評判情報の活用によって，よりチャンスを拡げ，より有益な社会的交換ができるようになることは，これからの日本社会にとって重要だと思われます。しかし筆者は，脱・無縁社会のためには，それに加えてもうひとつ重要なことがあると考えています。

　それは「唯一無二の資源を渡しあえる関係性の構築」です。

　上記の例のように，自分を高く評価してくれるところにどんどん移動し，社会的交換の相手をベストなものにしていく活動は重要ですが，いつまでも「よりよい関係を求めて」外に目を向けているわけにはいきません。「今ある関係を充実させる」という考え方もあります。

　先に述べたドラマ『北の国から』の例では，父親の必死の思いを象徴する泥が付いた2万円は，ただの2万円ではなく，「代替のきかない唯一無二の資源」として主人公に渡ります。このとき，父親との関係は他の誰とも代替のきかない，かけがえのないものになります。通常の社会的交換においても，そのような資源を相手に提供できるようになることが重要だと思われます。

　例えば，ある女性が作る料理を，恋人である男性が絶賛したとします。この女性の料理スキルは男性にとって素晴らしい資源になります。しかし，同じ料理が他の男性にとって同じくらい高い資源になる保証はありません。その女性は男性の味の好みに合わせて料理の味付けを変え，その

男性にとって「最高」の資源を提供しますが，他の男性にとって「最高」かどうかは関係ありません。重要なのはその女性が「彼が喜んでくれる料理を作りたい」と思い，それにかかるコスト（社会的交換の観点からいえば，協力のためのコスト）を惜しまなかったことが重要です。この女性は他の男性に対しても価値のある資源を作ろうとは，微塵も思っていないはずです。この女性の行っていることは，相手の男性のための「カスタムメイド」の資源を与えることによって，社会的交換の価値を高め，唯一無二の関係を男性に提供することです。

　同様に，仕事においても「この人じゃないとできない」というスキルのある人は重宝されます。これも唯一無二の関係をつくっている例といえます。

　このような「関係の深化」を，実は日本人は得意としてきました。長期的関係が主な日本社会では，「今ある関係のなかでうまくやっていく」ことはとても重要で，そのためのスキルも磨かれていました。しかしここで筆者が強調したいのは，「長期的関係があるから関係を深化させていた」という昔の考え方から，「よい長期的関係を育むために関係を深化させる」という考え方へ転換する必要があるということです。かつての日本人は，長期的関係の保証がなければ，あまり関係の深化を図ろうとはしませんでした。したがって，短期的関係では，非協力的になったり自分勝手になったりしがちな行動傾向がありました。「旅の恥はかき捨て」や「人を見たら泥棒と思え」といった言葉に象徴されるのは，長期的関係のネットワークに組み込まれて

いない人への信頼の低さと，関係構築への消極さです。

しかし，前述のように現在は短期的関係のなかで，一般的信頼と協力を育む必要があります。現在の社会的交換がいつまで続くかはわからないが，できるだけ相手にとって価値の高い（唯一無二の）資源を渡すべく切磋琢磨する，という行動規範が今の日本に必要なのだと考えています。

結　語

これまでをまとめると，筆者は，日本が無縁社会化を食い止めるためには，「信頼と評判による関係性の構築」と「唯一無二の資源を提供することによる関係性の深化」の2つが必要だと考えています。

独立しているが，社会と結びつく「ひとり」として社会と結びつく。他者のために働くことが，すなわち付加価値の高い交換資源を他者に与えられることにつながり，よい評判をつくることで，最終的には自分自身が幸せになれる関係をつくっていく。このような価値観と行動原理こそこれからの日本人が身に付けるべきものなのだと思っています。

■ 引用文献

青木昌彦 (2001). 比較制度分析に向けて　NTT出版

Axelrod, R. (1991). *Evolution of cooperation*. New York: Basic Books.（松田裕之（訳）(1998). つきあい方の科学—バクテリアから国際関係まで　ミネルヴァ書房）

Foa, U. G., & Foa, E. B. (1975). *Resource theory of social exchange*. Morristown, NJ: General Learning Press.

Frazer, Sir S. G. (1919). *Folklore in the old treatment.* Vol.2. New York: Macmillan.
Fukuyama, F. (1996). *Trust: The social virtues and the creation of prosperity.* FreePress.
Hayashi, N., Ostrom, E., Walker, J., & Yamagishi, T. (1999). Reciprocity, trust, and the sense of control: A cross-societal study. *Rationality and Society*, **11**, 27-46.
河合太介・渡部　幹 (2010). フリーライダー：あなたの隣のただ乗り社員　講談社
清成透子・山岸俊男 (1996). コミットメント形成による部外者に対する信頼の低下　実験社会心理学研究, **36**, 56-67.
Milinski, M. (1987). TIT FOR TAT in sticklebacks and the evolution of cooperation. *Nature*, **325**, 433–435.
高橋克徳・河合太介・永田　稔・渡部　幹 (2008). 不機嫌な職場：なぜ社員同士で協力できないのか　講談社
山田昌弘 (2007). 希望格差社会―「負け組」の絶望感が日本を引き裂く　筑摩書房
山岸俊男 (1998). 信頼の構造　東京大学出版会
Yamagishi, T. (1988). The provision of a sanctioning system in the United States and Japan. *Social Psychology Quarterly*, **51**, 265-271.
Yamagishi, T., & Yamagishi, M. (1994). Trust and commitment in the United States and Japan. *Motivation and Emotion*, **18**, 129-166.
Yamamoto, S., Humle, T., & Tanaka, M. (2009). Chimpanzees help each other upon request. *PLoS ONE* 4: e7416. doi:10.1371/journal.pone.0007416
渡部　幹 (1992). 社会的ジレンマ状況における戦略の選択　実験社会心理学研究, **32**, 171-182.
渡部　幹 (2012). 社会心理学からみた現代日本社会のうつ　最新医学, **67**, 2040-2044.
渡部　幹・寺井　滋・林直保子・山岸俊男 (1996). 互酬性の期待にもとづく1回限りの囚人のジレンマにおける協力行動　実験社会心理学研究, **36**, 183-196.

第 2 章

文化心理学
「存在する」サポートから「つくりだす」サポートへ

　失職することは，単に収入の手段が一時的になくなるだけでなく，広い意味での「生き方」に大きな影響を与えます。もちろんすぐに仕事が見つかれば，全く問題ありません。むしろそうした空白の期間によって，自分自身の精神的・肉体的健康は改善するかもしれません。しかしすぐに仕事が見つからない場合は，どうでしょうか。これまで培ってきた人間関係や社会との接点を失い，自信までも失います。加えて，収入がなくなることは，自分のみならず，自分を取り巻く人々の生活にも影響を与えます。実際のところ，家庭が崩壊したり，家庭を築きたくてもそれができなかったりするかもしれません。さらに，地元で職が見つからない場合には，慣れ親しんだその土地を離れて，より多くの機会のある大都市へと移動していくことになります。つまり，長期的な失職の結果として，個人は，地縁，血縁，社縁等の「縁」にひびが入った状態での生活を余儀なくされるわけです。

　社会の無縁化は，長期的な失職のみならず，さまざまな理由で「縁」にひびが入った個人が増加していることで生まれている現象です。そもそもなぜ「無縁社会」が問題になるのでしょうか。その理由は，その社会のあり方がこれまでの日本社会のあり方と対極であること，さらには無縁

社会のもとでは人々の幸福感が低く，その精神健康に悪影響があると考えられていること等が，挙げられるかもしれません。

本章では，人の心理とその人を取り巻く社会・文化環境との関わりに根差した問題として，無縁社会について考えてみます。文化心理学とは，比較文化の観点からそうした人と社会・文化環境との関わりを研究する学問分野です。文化心理学によれば，無縁社会が問題となるのは，「社会・文化環境が個人主義化しているにもかかわらず，依然として人の心は旧来の集団主義的な性質のままで，その結果不適合が生じてしまっているから」です。この章の以下の部分では，文化心理学の基本的な考え方と研究例を紹介し，現状のこのような「不適合」に対する解決策を提起します。

文化心理学の考え方

人は，さまざまな心の性質を生み出すための基盤となる普遍的な能力をもって，特定の社会や文化で誕生し，そして成長します。この成長の過程で，その文化や社会で暗黙の内に共有されている知識を取り入れたり，人間関係を調整するさまざまな規範や慣習に慣れ親しんだりすることを通じ，その社会や文化に見合った心の性質を身に付けていくと考えられます。このことは，人の心の性質が社会・文化環境に大きく依存している可能性を示しています。

もっとも，これまでの多くの心理学者は，人の心の働きは，社会や文化によらず基本的に同じであるという立場をとってきました。この立場によれば，行動が社会や文化に

よって異なるとしても，それは心の性質そのものに違いがあるからではなく，むしろ，異なった社会や文化では規範や慣習が異なるゆえに，それに合わせて人は異なった反応をしていると解釈されます。つまり，人の行動や心の性質の社会・文化的差異はあくまでも表層的なものであり，その本質は，文化や社会によらず普遍的かつ均一であると考えます。

　これに対して，社会や文化の規範や慣習に対して異なった反応をする以上，そういった反応を最も効率よくつくりだす心の性質も異なっていてしかるべきだという立場も存在します。もちろんこの立場は，人のもっている心の人類共通性について否定しません。しかしこの立場が強調するのは，人の心には普遍的な要素がいくつもあるが，それらは特定の社会や文化で生きることを通じて育まれ，他の要素と組み合わされ，体制化されるという点です。そして，その結果として心のさまざまなメカニズムが成立していくのです。例えば，人の赤ちゃんは，/l/ の音と /r/ の音を弁別できる能力をもって生まれてきます。しかし，この能力は，この2つの音を区別する言語（例えば英語）で育てられるとますます向上するのに対して，この区別のない言語（例えば日本語）で育てられると大人になるまでにほとんど脱落してしまいます。これは，普遍的な能力から心の性質の社会・文化的多様性が生まれることを示すひとつの例です。

　文化心理学は，そのような心の性質の普遍的多様性に注目します。そして，上記で述べた /l/ の音と /r/ の音の弁

別能力は,英語などの言語を使う結果であると同時にそれを用いるための条件でもあるとすると,心の性質と社会・文化環境は互いに規定しあっていることが読み取れます。それゆえに文化心理学では,心と文化はかなりの程度相互規定的であると仮定します。そしてこれまでの研究の多くは,各文化で歴史的に育まれてきている自己観に注目しています。なかでもマーカスと北山は,1991年の論文で歴史的に共有されている自己観が洋の東西において異なっていることを主張しましたが (Markus & Kitayama, 1991),現在でもその論が中心的な仮説になっています。それによると,西洋における自己観は「自己＝他から切り離されたもの」という信念により特徴づけられ,自分自身のなかに確固とした属性を見いだし,それを外に表現することで自己は形成されていきます。マーカスと北山は,このような自己観を相互独立的自己観と呼びました。これに対して,東洋における自己観は「自己＝他と根元的に結びついているもの」という信念により特徴づけられ,他と関係を結び,社会的関係のなかで意味ある位置を占めることにより,自己は形成されていきます。マーカスと北山はこのような自己観を相互協調的自己観と呼びました。

　こうした自己観の差異は,洋の東西におけるコミュニケーションの仕方,ものの見方や感じ方の差異とも一致します。例えば文化人類学者のホールは,英語,ドイツ語など西洋の言語では,情報伝達の主な経路が言語そのものであるのに対し,日本語,中国語など東洋の言語では,その経路として文脈的手がかりの果たす役割が相対的に高いこと

を指摘しました（Hall, 1976）。そして，前者を低コンテクスト（文脈独立）の言語，後者を高コンテクスト（文脈依存）の言語とそれぞれ呼びました。例えば，何かものを頼まれ，それに対してYes（はい）と答える場合を考えてみましょう。英語では，多くの場合，Yesといえばそれは「了解した」という発話意図を直接的に表すのですが，しかし日本語における「はい」は，文脈によって「もう結構です」といった発話意図を含意しているときもあります。そして，このような差異は，情報の意味づけとコミュニケーションの機能の違いから生じているといえます。つまり，低コンテクスト言語のコミュニケーションでは，そこにおいて優勢な相互独立的な自己観を反映し，情報は，基本的に個人が所持しているものとして位置づけられています。このようなコミュニケーション様式のもとでは，正確に他者に情報を伝達しない限り，それを他者と共有することはできない，つまり，発話意図の伝達は発話者の責任であるという前提が隠されているといえるでしょう。一方，高コンテクスト言語のコミュニケーションでは，そこにおいて優勢な相互協調的な自己観を反映し，情報は，基本的に他者と共有されているものとして位置づけられています。このようなコミュニケーション様式のもとでは，話者は正確に他者に情報を伝達する必要はなく，むしろコミュニケーションの受け手が文脈的な情報に注意を向け，そこから発話意図を察するべきという前提が隠されているといえるでしょう。

　他者に情報を伝達する仕方の差異に対応して，そもそも

どの情報に注意を向け，どのように物事を考えるのかのスタイルにも差異があることが知られています。ニスベットらはさまざまな比較文化実験を通じ，西洋の人々のものの見方は，分析的，つまり対象の中心的な属性や要素に注目したものであるのに対し，東洋の人々のものの見方は，包括的，つまり対象の中心的な属性やその要素そのものに加え，それらの間の相互関係や全体的な布置にも注意を向けやすいと述べています（Nisbett et al., 2001）。

さらに，相互独立的な自己観のもとでは，自己の確固とした属性を見いだし，それを外に表現することがひとつの自己形成のあり方だと考えられます。自己の特に望ましさに注目し，それを他者にアピールしたり，それによって他者に影響を与えたりすることは，そのひとつのストラテジーといえるでしょう。このことは，相互独立的自己観が優勢な社会・文化に生きる人々に対し，誇りや自尊感情，または自らへの欲求不満といった感情の経験を促す可能性があります。つまりそうした社会・文化で生きる人々は，周囲から切り離され独立した自己として日常生活を営むことで，「誇り」のような自分自身への自信や，自分の考えが脅かされた場合に生じる「欲求不満」といった感情を多く経験することでしょう。北山らは，このような感情を対人脱関与的感情と呼びました（Kitayama et al., 2000）。一方，相互協調的自己観のもとでは，周囲の人々との関係のなかで意味ある位置を占めることで自己が形成されていくわけですが，ここで重要となるのは，他者とのバランスや調和に配慮することです。このことは，相互協調的自己観が優

勢な社会・文化に生きる人々に対し，親しみや尊敬，または周りからの負い目や恥といった感情の経験を促す可能性があります。つまり人々は，周囲と密接に結びついた自己として日常生活を営むことで，他者とのつながりが深まった場合に生じる「親しみ」や，自らのせいで他者との協調が損なわれた場合に生じる「負い目」といった感情を多く経験することでしょう。北山らは，このような感情を対人関与的感情と呼びました（Kitayama et al., 2000）。

具体的な研究例

文化心理学の研究は，ある社会・文化において歴史的に培われてきた「自己とは何か」に関する考え方，つまり自己観がさまざまな人の行動の側面に影響を与えてきていることを示しています。以下ではそのなかでも特に，人の精神的な健康に関係すると考えられるトピックに注目します。

(1) 幸福感の文化多様性

先ほど，社会・文化において優勢な自己観が異なれば，経験しやすい感情も異なることについて述べました。それでは，人はどんな感情を感じるときに幸せを感じるでしょうか。これまでの研究はこの点についても同様の文化間の違いを見いだしています。例えば相互独立的自己観が優勢な文化，つまり西洋において，自己の望ましさに注目し，かつそれを他者にアピールしたり，それによって他者に影響を与えたりすることは，人々がそこでうまく生きていくためのひとつのストラテジーであるといえます。これには，

彼らの宗教観も関与しているかもしれません。とりわけプロテスタントの宗教観によれば，個人の善き行為とは「神に選ばれた者」であることの証として禁欲的に労働することであり，こうした信念をもつ人々は，自己のパフォーマンスを最大化しようとします。しかもこの信念は，自己の望ましさへの追求をさらに加速させるかもしれません。一方，相互協調的自己観が優勢な文化，つまり東洋では，自己の行為を最大化することよりもむしろ他者とのバランスに配慮しその関係性を維持することが人々にとって生きていくためのひとつのストラテジーとなっています。このようなバランスへの動機づけは，「良いことと悪いことは同数存在する」といった東洋で優勢な儒教的な考えとも関連しているといえるでしょう。そしてこういった考えは，自己の望ましさを追求するというよりも，むしろ他者や周囲の環境からどのように受け入れられるかといった点の追求を人々に促すかもしれません。以上をまとめると，西洋における人々は誇りや自尊心といった快の脱関与的感情を感じやすいのに対し，東洋における人々は親しみや尊敬といった快の関与的感情を感じやすいことを先ほど述べましたが，それぞれの文化において経験しやすいこうした快感情こそが人々の幸福感に結びついていても不思議ではありません。

　実際，北山らの研究は，この予測と一致する結果を示しています（Kitayama et al., 2000）。彼らは，日米の大学生に，脱関与的感情，関与的感情，そして一般的な感情の経験頻度を尋ねました。それらの経験頻度の関係を調べたところ，

アメリカにおいては、脱関与的肯定感情（例えば誇り）の経験は一般的な肯定感情（例えば幸せ）の経験を伴っていたのに対し、日本においては、関与的肯定感情（例えば親しみ）の経験が一般的な肯定感情と密接に結びついていました。このことは、何によって幸福感が決まるのか、その要素が文化間で異なることを示しています。しかも興味深いことに、それら3種類の肯定的な感情と3種類の否定的な感情の経験との相関関係を見ると、アメリカでは1つを除いてそれらの相関は負であったのに対し、日本では多くの場合に正の相関が見られました（図2-1）。つまり、日本人において肯定的な感情と否定的な感情は相反しておらず、ここから彼らのバランスへの動機づけが読み取れます。

同様の結果は、メスキータと唐澤（Mesquita & Karasawa, 2002）や内田と北山（Uchida & Kitayama, 2009）の研究

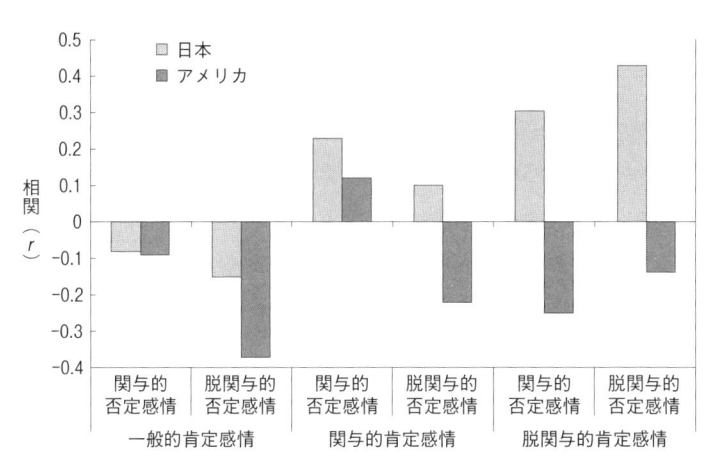

図2-1 日米における肯定的感情と否定的感情との相関
（Kitayama et al., 2000 に基づいて作成）

でも示されています。メスキータと唐澤は，日米の参加者に対し，1週間のあいだ，1日4回の指定された時間の直前に経験した感情を記録するよう求めました。そしてそれぞれの経験において感じた快・不快の程度と，相互独立的課題（例えば，自制する）および相互協調的課題（例えば，面子を守る）に対して成功したと感じた程度の相関を調べました。その結果，日米いずれも，それぞれの課題における成功は快の感情を高めていましたが，予測と一致した文化差も見られました。とりわけアメリカ人においては，相互独立的課題の成功と快の感情に，一方日本人においては，相互協調的課題の成功と快の感情に，それぞれ強い結びつきが見られました。また，内田と北山は，日米の大学生に依頼して幸せの特徴や幸せであることの結果を思いつく限り書いてもらい，そこで収集した記述をそれぞれの文化で100個ランダムに選びました。その上で，今度は別の日米の大学生にその選んだ記述を見せ，似ているものどうしに分けてもらいました。内田と北山は，その分け方に対して多次元尺度法を用いることで，「個人的‐関係的」「肯定的‐否定的」の2つの軸からなる幸せの心理図を日米で作成しました（図2-2）。いずれの文化における記述も「一般的な快感情（例えば，楽しい，笑顔）」「個人的達成（例えば，自分自身について良く思う，自分がほしいものを手に入れる）」「関係性調和（例えば，良い友達をもつ，他の人によく振る舞う）」「社会関係への否定的影響（例えば，妬み，周りに気を遣わなくなる）」「超越的・俯瞰的認知（例えば，はかない，つかみどころがない）」の5つの側面をも

日本

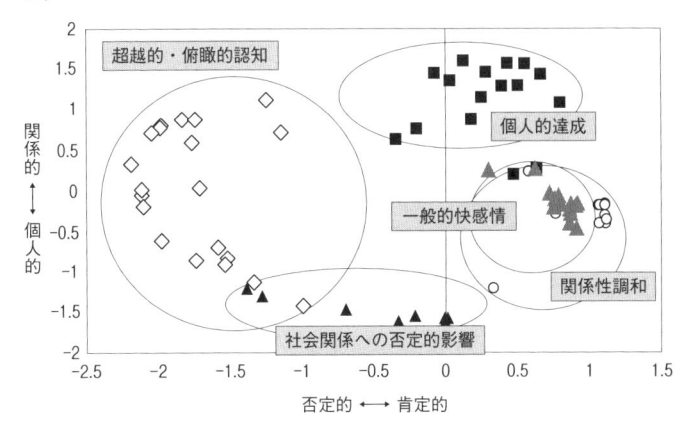

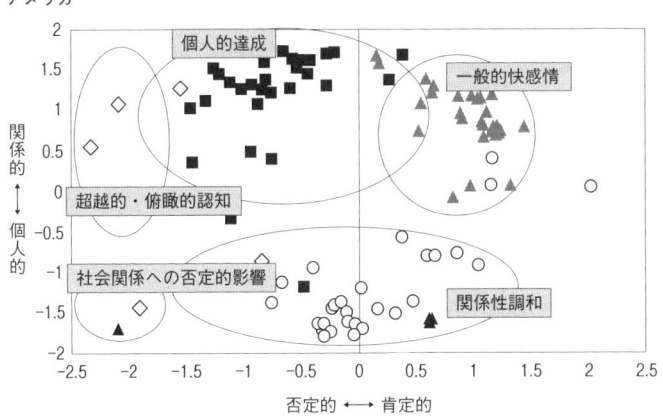

[散布図：縦軸「関係的 ↔ 個人的」、横軸「否定的 ↔ 肯定的」。クラスタ：超越的・俯瞰的認知、個人的達成、一般的快感情、関係性調和、社会関係への否定的影響]

アメリカ

[散布図：縦軸「関係的 ↔ 個人的」、横軸「否定的 ↔ 肯定的」。クラスタ：個人的達成、一般的快感情、超越的・俯瞰的認知、社会関係への否定的影響、関係性調和]

図 2-2　日米における幸せの心理図（Uchida & Kitayama, 2009 に基づいて作成）

っていましたが，それら5つの側面からなるまとまりが心理図のどこに位置するかが文化によって大きく異なっていました．特に，アメリカでは，一般的な快感情と個人的達成が心理図の似た位置にあったのに対して，一般的な快感

情と関係性調和は離れた位置にあり，それらに重なりはありませんでした。一方，日本のパターンは，アメリカのそのパターンと正反対でした。しかも興味深いことに，日本では「超越的・俯瞰的認知」，つまり幸せとははかないもの，意識できないものといった記述が多かったのに対し，アメリカではそういった記述がほとんど見られませんでした。

(2) 友人関係

先ほど紹介した結果は，アメリカにおいてはさほど関係性の調和が人々の幸せと関わりをもたないことを示していますが，だからといって，他の人々と結びついて親密な関係を形成したいという欲求が彼らにないというわけではありません。むしろこういった関係性欲求は，人の進化の過程において適応的であり，人は結果的にそのような心の性質を獲得するに至ったわけです。関係性欲求なしには，さまざまな他者とつながり，そこでの財の交換を通じて互いに支えあっていくことは不可能です。

私たちの日常にはさまざまな社会関係がありますが，クラークとミルズは，それらを2つに分類しています (Clark & Mills, 1979)。ひとつは交換を主とした関係で，相手から支援を受けたとしたら，相手が必要としている支援を返すといった返報性を前提としています。ビジネスにおける関係がそのひとつの例です。もうひとつは，共同体的な関係と呼ばれるもので，損得勘定を抜きとした親密な関係を前提としています。友人関係がそのひとつの例です。もしも友人関係において，露骨に相手からのお返しを期待して

その相手を支援したとしたら，その相手はおそらく気分を悪くするでしょう。友人関係に取引をもち込んだとしたら，それはもう友人関係とは呼べないということから直感的にわかる通り，友人を助けるとしても，友人からのお返しを期待してそういった行為が動機づけられることはあまりないでしょうし，万が一そのように動機づけられたとしてもそれを明示しないか，明示したとしても明らかにそれがジョークであることを相手が理解してくれる保証がある場合でしょう。

　どの社会・文化にも友人関係は存在します。にもかかわらず，他者との調和や円滑な関係を重視する程度の強さが社会・文化によって異なっていると，その関係のつくり方にも違いが出てくる可能性があります。例えば，友達を助けるという行為はどの程度自発的なものなのでしょうか。ないしは，その社会環境によって強制されている，いわば義務のようなものなのでしょうか。また，助けてもらった側にはどういった行為が期待されるのでしょうか。そしてそこにも文化差があるのでしょうか。これまでの研究は，東洋では，他者との調和を重視する考えを反映し，友人を助けることが優先されやすかったり，相手から助けてもらうと，相手と自分との関係のバランスは崩れてしまうと考え，助けてもらったらそれを返報することでそのバランスを保とうとしたり，逆に何か困っていても相手には助けを求めずにむしろ自分で解決しようとしたりするパターンが見られやすいことを示しています。以下の3つのトピックで詳しく説明していきます。

①義務と道徳

次の状況にみなさんがおかれたとしましょう。

> あなたは，東京で商売をしています。会合が終わり，あなたは，新大阪行きの新幹線に乗るために，東京駅へと向かいました。大阪では，あなたの親友が結婚式を挙げることになっており，あなたが結婚指輪を届けることになっていました。結婚式には，次にくる新幹線に乗らないと間に合いません。
>
> そうしたところ，なんと駅であなたは財布を盗まれ，所持金や切符などをなくしてしまいました。あなたは，駅の事務所に行ったり，他の乗客に声をかけたりして，何とかお金を借りることができないか交渉したものの，身寄りのいないあなたはお金を借りることができません。
>
> どうしたものかとあなたがベンチに腰掛けていると，隣に座っていた身なりのよい紳士が立ち上がり，ちょっと席をはずしました。その紳士は，コートをたまたまそこに置いて行きました。ポケットから新大阪行きの切符が見えます。それを取れば，新大阪に行くことができます。しかもその紳士のポケットには，もう1枚切符を購入できるだけのお金も入っています。

友達との約束を守るには，ここでそのコートのポケットの中身をくすねる必要があります。ただしこれはもちろん犯罪です。とはいえ法を犯さず，道徳を守るのであれば，友達との約束は不履行になります。みなさんは，どうしますか？

これは，ミラーとバーソフがアメリカとインドで行った実験（Miller & Bersoff, 1992）で使用した状況に日本の地名を当てはめてアレンジしたものです（今であれば携帯電

話があれば何とかなると思うかもしれませんが、当時はまだ携帯電話は普及していませんので、それについての記述もありません)。彼らは、法律違反の程度の大中小に応じた3つの条件を設定し、アメリカおよびインドでの対人的な義務を守るべきという回答(上の例では、ポケットの中身を盗むという回答)の割合を調べました。その結果、法律違反の程度がいずれの場合も、インド人のほうがそういった回答をしやすいことがわかりました。これは、親しい他者との関係を重視することの極端な表れともいえるでしょう。

②返報性

先のミラーとバーソフの研究結果は、インドにおいて友達との約束の履行がいわば義務となっていることを示唆するでしょう。これを踏まえて、東洋において重視されている相互協調性をもう一度考えなおしてみましょう。ここでの相互協調とは、自己と他者が結びあっているようなものの見方を指しますが、どうもその「結びつき」は鋼でできているとはいえないようです。つまり、その結びつきがあるからといって互いに何をしてもいいかというのではなく(もっとも相手が自分のことを理解してくれることを前提とした「甘え」は「何をしてもいいことに対する期待」のひとつの表れで、この点に関する比較文化研究もありますが [Niiya et al., 2006]、ここではその詳細にはふれません)、むしろ「もちつもたれつ」の繰り返しによって、その結びつきは確かめられるようです。もちろん友人関係は、

先ほども述べたように損得勘定を抜きとした親密な関係を前提としており，もちつもたれつだからこそ成り立つものです。しかし「義務」としての側面をそこに加えると，他者との協調を重視する程度が厳しいほど，厳しいもちつもたれつの関係が期待されやすくなるのかもしれません。この点を調べたのが，北山と内田らの研究です（Kitayama et al., 2010）。この研究には，日米の同性の友人ペアが参加しました。実験では，参加者ひとりずつに対して想定される何種類もの友人からの支援の仕方（例えば，困ったときには友人は自分を励ましてくれる）を示し，その支援をペアの相手から受け取った程度と，その支援をペアの相手に与えた程度の両方を尋ねました。興味深いことに，日本では，ペアの相手から支援を受け取った程度が，その相手が「支援を与えた」と報告する程度によって予測されていました。一方，アメリカではそのような傾向は見られませんでした。加えて，ペアの相手から受け取った支援の量とその相手が与えたと報告した支援の量の差も分析したところ，日本におけるその差のほうがアメリカにおける差よりも小さくなっていました。つまり，日本では支援を受け取った側の知覚と支援を与えた側の知覚が似ていることを意味しています。このことから，日本における友人関係が，互いのギブアンドテイクのバランスのとれたものであり，そこでは厳しい「もちつもたれつ」が暗に期待されていることがうかがわれます。

③対人的な懸念・負い目

　この北山と内田らの研究によれば，日本における友人関係は，良い言い方をすると互恵的，悪い言い方をすると互いが互いの支援とその程度を監視しているものといえるでしょう。ここで注意したいのは，日本での友人関係ではある意味返報性が期待されているものの，しかしそれはクラークとミルズが分類したところの第1の関係，つまり交換を目的としたビジネス上のパートナーとの関係とは全く異なる点です。ビジネス上のパートナーとの関係では，互いが互いに何を必要としているかに応じ，パートナーを求めあい，そこで互いのニーズが合えば関係が成立します。そしてそのニーズが合わなくなれば，関係は解消され，互いによりよいパートナーを探すことになります。しかし，相互協調性を前提とした日本における友人関係は，いわば「もちつもたれつ」を繰り返し，互いに捧げ合うことで結びつきを確かめあっていくものです。この関係では，相手の期待に沿うようにやりとりを繰り返していけば，友人を失うことはありませんが，大きな問題点があります。それは関係が閉鎖的になりやすいということです。そのひとつの理由として，「もちつもたれつ」を繰り返している限り，そこで支援の交換がなされ，関係が維持されるわけですから，あえてその関係の外に飛び出すメリットがないことが挙げられます。加えて，新しい友人を探すにしても，それにはさまざまな資源（例えば時間や体力）を必要とします。もちろんそういった資源を失ってまでも，新しい友人関係をもつことで何か得ることがある場合には，人は積極的に

そうするでしょう。しかしそうやって資源を失わなくても、これまでの関係でそこそこやっていくことができれば、多くの人は現状維持を選ぶでしょう。これには、日本の社会構造も関連しています。かつての派閥政治に代表されるように、その派閥にいて、その内部の人々と円滑な関係を維持している限り、政治家は既得利益を得ることができます。派閥から脱退しようと思ったら最後、その利益を捨てなければならず、しかも派閥外で新しい関係をつくって利益を得る保証はありません。それゆえに派閥政治下の政治家は、派閥の内部の人といかにうまくつきあっていくかに終始することになりますが、こうした内集団の人間とのもちつもたれつの付きあいこそ、集団主義のひとつの側面です。

　派閥にどっぷりつかった政治家を想像するとわかりやすいと思いますが、閉鎖的な友人関係において、その関係が断ち切られることは致命的です。関係が断ち切られないようにするために、相手から助けられたら、その相手を助けるというのは先ほど紹介した通りです。加えて、相手に必要以上に負担をかけさせないようにするというのもそのひとつの方法といえるでしょう。もしも相手に対して非常に大きな問題をもちかけ、相手を困らせるのであれば、にもかかわらず友人はかなりの犠牲を払っていろいろと助けようとしてくれるのであれば、そのことは相手と自分との関係のバランスを損なわせ、さらには関係を壊す原因になりかねません。そのためこうした懸念ゆえに、困っていても相手に助けを求められないという事態が相互協調性を重視する友人関係だからこそ生じやすい可能性があります。

キムとテイラーたちの研究（Kim et al., 2008; Taylor et al., 2004）は、この点に大きな示唆を与えています。彼らは、韓国人とアメリカ人の参加者に対して、まずストレスを解消するのにどんなことをするか、思いつくままに書くように求めました。次に、その記述の内容をもとにいくつかに分類しました。ここで用いた分類の基準は、「他者に支援を求める（例えば、友達や家族、その他の人たちと話す）」「運動する」「発散するための活動をする（例えば、歌う）」「物を摂取する（例えば、酒を飲む、たばこを吸う）」「休息をとる（例えば、寝る、リラックスする）」「楽しいことをする（例えば、映画を見る、音楽を聴く）」などです。そしてこれらの基準にそれぞれの記述が当てはまっているかどうか調べ、文化ごとにその基準を含む記述の割合を出しました。その結果、文化にかかわらず、人々は楽しいことをしたり、休息をとったりすることでストレスに対処していることがわかりました。加えて、文化差も見られました。韓国よりもアメリカにおいて他者に支援を求める割合が高くなっていました。同じような差は、運動する割合にも見られました。一方、アルコールやたばこの摂取によるストレス解消は、アメリカよりも韓国において顕著に見られました。また彼らは、別の韓国人とアメリカ人の参加者に対して、ストレス解消のためのいくつかの方法を示した上で、ストレスを経験した際にそれらの方法をどの程度用いるのかを尋ねました。その方法のひとつとして、先ほど差が見られた「他者に支援を求める」も含まれていました。さらに、彼らは同じ参加者に対して、ストレスを解消するため

に他の人に支援を求めるかどうか決めるにあたって、懸念材料となる要因をいくつか挙げ、それらを懸念することに同意する程度も尋ねました。そうしたところ、まずここでも韓国人は、アメリカ人と比較し、ストレス解消のために他者に支援を求めることをしたがらないことがわかりました。次に、他者に支援を求めるかどうか決める際の懸念材料として、「和を乱す」「他者に話すことで事態が悪化する」「他者から批判される」「自分の面子を保ちたい」「自己責任」に注目したところ、それらすべてにおいて韓国人のほうがアメリカ人よりも懸念すると答えました。そして、分析の結果、他者に支援を求める程度の文化差は、そうすることの懸念を見積もる程度の強さによって説明されました。つまり、アメリカ人と比較し、韓国人は、他者に支援を求めることとその結果に対しさまざまな懸念を感じやすく、そうした懸念ゆえに、他者に支援を求めづらいということがわかりました。

また、より最近の研究 (Mojaverian & Kim, 2013) は、困難な課題に直面した際、その課題に一緒に参加している相手に助けを求めた結果支援を得た場合とその相手が自発的に支援をしてくれる場合で、その課題に対してストレスを感じる度合いや能力面における自尊心の感じ方が異なり、しかもそこに文化差があることを示しています (図2-3)。「求めた」支援を受け取った場合、ヨーロッパ系アメリカ人と比較し、アジア系アメリカ人は課題に対するストレスを高く感じ、能力面における自尊心を低く報告したのに対し、「自発的な」支援を受け取った場合にはそのような文化

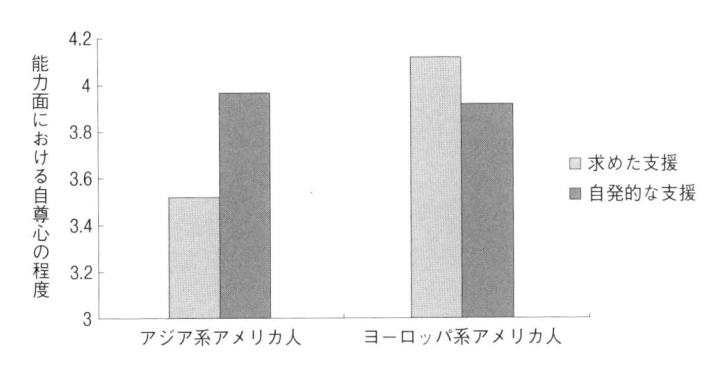

図2-3 アジア系およびヨーロッパ系アメリカ人における，支援の仕方によって異なる自尊心の程度 (Mojaverian & Kim, 2013 に基づいて作成)

差はありませんでした。また，アジア系アメリカ人は，「自発的な」支援を受け取った場合よりも「求めた」支援を受け取った場合，課題に対するストレスを高く感じ，能力面における自尊心を低く報告したのに対し，ヨーロッパ系アメリカ人では，ストレスや自尊心の感じ方に支援の仕方は影響を与えていませんでした。まとめると，アジア人では，関係性への懸念から他者に支援を求めづらいのに加え，実際にそのようにして得た支援は，他者からの自発的な支援と比較し，非常にストレスフルで自尊心を下げてしまうといえます。

文化心理学の枠組みからいえること

　文化心理学の研究例で紹介したことを箇条書きでまとめてみます。

- 「自分とは何か」に関する考え方が洋の東西で異なり，西洋では相互独立，東洋では相互協調を重視する。これは，日常の感情経験や幸福感にも関連している。
- 友人関係のあり方にもこの差異は見られる。西洋と比較して，東洋では調和を重視したゆえの厳しい「もちつもたれつ」の関係になりやすく，互いが互いにどのような支援をしたかに気を払い，互いが互いに与えあう支援の量も近い。
- 厳しい「もちつもたれつ」の関係のもうひとつの側面として，そのバランスを崩してしまうことの懸念がある。そのために西洋よりも東洋において，困ったことがあっても他者に支援を求めにくく，「求めた」支援によってストレスを感じ，自尊心も下がりやすい。

厳しい「もちつもたれつ」の関係ゆえに，バランスが崩れることに対する懸念が生まれやすいことの背後には，このような関係のつくり方のもとでは，新規の人々と新たな関係を形成するのが難しく，そのために今ある関係を維持していかざるを得ないというメカニズムがあることにもふれました。なぜなら，関係の維持に失敗し，その関係を切られてしまうと，社会的に孤立し，困窮することが予想されるからです。かつて「村八分」は，懲らしめとして存在しましたが，現象としては同じことです。

相互協調的な人間関係が特に東洋でよく見られることの背後には，それを支えてきた社会・文化環境について考えてみることが大事です。その環境における多くの人にとっ

ての生きるすべはもともと農耕であり，共同体の協調とそれに伴う慣習の実践がそこでの適応課題を克服するための方法でした。そこにおいて人は，意識することなしに，人間関係のなかで自分を見つけ，社会の期待に沿うことで生きがいを見いだすことをこれまで実践してきました。

　もちろん社会は変動します。世界の産業構造は，農耕社会から工業社会と変化しましたが，日本もその例外ではありませんでした。さらに日本社会には，特に明治期以降，西洋におけるものの考え方が，国の政策や知識人を通じて，流入してきました。その後は，二度の世界大戦，1970年代までの高度経済成長期，80年代後半からのバブル経済と90年代に入ってからのバブル崩壊……と続いていきます。

　ここで注目したいのは，少なくともここ100年以上，日本は世界の表舞台に出ることにより，市場という世界共通のルールを用いたゲームに参加している点と，農耕社会以来の相互協調を重視した厳しい「もちつもたれつ」の関係からなるコミュニティを形成しながらこのゲームのプレイヤーとして君臨してきた点です。この点に関して，社会学者の広井は，「戦後の日本社会とは『農村から都市への人口大移動』の歴史と言えるが，農村から都市に移った人々は，カイシャと核家族という『都市の中の農村』を作っていったといえる。そこではカイシャと家族といったものが『閉じた集団』になり，それを超えたつながりはきわめて希薄になっていった」という重要な指摘をしています（広井, 2009, pp. 16-17）。つまり，会社や家族の関係のつながりのなかで自分の位置を見いだし，そのなかでの期待に応

えようと頑張ることが生産力へとつながっていったわけです。社会構造の変化にもかかわらず，共同体の協調とそれに伴う慣習の実践という旧来の行動原理を人々が用いてきたのは，非常に興味深いといえるでしょう。

　しかし，バブル崩壊以後の不況は，企業の倒産や統廃合，終身雇用制の崩壊を生みました。代わりに成果主義を企業が導入することで，サラリーマンをはじめとする労働者は，そこでよい成績を得て勝ち上がれば高い収入が得られるものの，それに負ければ会社から追い出されて職を失うことになります。こうした競争原理の導入により，支えあうコミュニティとしての会社の側面は消え，そこでの人間関係はぎすぎすし，希薄なものへと変化していきます。さらには会社での精神的疲労が，家庭にもち込まれると，家族内の関係にも変化が起きる可能性があります。また会社一辺倒のあまり，地域との付きあいも怠っているかもしれません。こういった状態で失職すれば，冒頭で述べたように容易に「縁」は壊れてしまうでしょう。

　こうした日本の社会状況であるにもかかわらず，本章で紹介した極めて最近の研究例は，いまだに人々の心の働きは旧来の相互協調に基づいていることを示しています。つまり，急激な日本の社会変化に，人々の心の働きがついていけていない状態であるといえるでしょう。厳しい「もちつもたれつ」の関係においては，いかにそれを維持するかが重要でした。しかし，特に「社縁」の崩壊によってそのインフラがなくなってしまえば，維持したくても維持できません。それゆえに，維持するという行動原理のみをとっ

てきた人々は，何もできないままに孤立してしまいやすいといえるでしょう。

　人の心の性質と社会・文化環境とは相互に規定しあう，これが文化心理学の前提でした。この前提によれば，日本社会が現在急激に個人主義化しているのに対し，心の性質は旧来のままという状態から，心の性質がだんだんと個人主義化し，相互独立を重視していくようになっていくことがひとつの方向性として考えられます。この点については，こうした日本社会における変化の結果として，内輪の相手とばかり付きあうよりも，未知の相手であっても積極的に関係を求めることのメリットが大きくなることで，一般的信頼に基づく行動原理が採用されるようになるといった指摘（山岸, 1998）や，住居の流動性が高いほど人々のつながりは開放的でかつ長続きせず，そうしたつながりの特性が個人主義的な自己概念や幸福感の知覚を導くことを示唆した知見（Oishi, 2010）とも深く関連します（山岸の一般的信頼についての詳細な議論は，第1章をご参照ください）。

　では，もしもそのように心の性質が変わっていくとして，果たしてその個人主義・相互独立がこれまでの文化心理学の研究においてアメリカで観察されてきたものと同じになるのでしょうか。それとも日本独自のいわば「エセ個人主義」が生まれるのでしょうか。これは非常に興味深い点です。後者の「エセ個人主義」のひとつのあり方として考えられるのは，旧来の関係性を重視するという価値観を否定することで生じる個人主義です。具体的には，あえて自分から他者との関係を断ち切って自律を得ようとする心の働

きです。これは，西洋における個人主義・相互独立，具体的には，個人の権利に尊厳をおき，それを自他ともに認めることで社会関係をつくりだすためのものの考え方と大きく異なります。個人主義・相互独立は，集団主義・相互協調を否定することで生まれるのではなく，それも社会関係があって初めて成り立つ思想であることを理解するのは極めて重要です。そしてこうした関係性への否定は，先ほど述べたように失職の結果として他者とのつながりを失う場合と同様，孤立を招きますが，自発的に行っているという点においてより深刻な孤立を招くことになります。

結　語

　無縁社会とは，現在の，特に日本社会における社会的孤立を表しているでしょう。この社会的孤立の背景には，急激な社会の個人主義化に対して，心の性質は旧来通りに協調性を志向していることが挙げられます。この溝を埋めるには，それらを橋渡しするようなコミュニティが必要です。とはいえ，これまでの協調を重視した厳しい「もちつもたれつ」の人間関係ではなく，むしろ弱い「もちつもたれつ」の人間関係からなるコミュニティの形成こそ，今後は求められるのではないでしょうか。ここで「弱い」としたのは，バランスを過度に気にしすぎ，相手に迷惑がかかるのではないかという懸念を生まないような関係性という意味あいを出すためです。他者に対する懸念を生まないコミュニティとは，すべてをさらけだしてもそれによって何も犠牲を被らず（つまりさらけだすことは個人の権利として尊重さ

れており），むしろ一緒になって悩みを解決していくことで互いの自信を回復できるような居場所です。こういうコミュニティを目指した一種の自助グループ等の NPO の数が今後増加していくことが望まれるでしょう。

　また，厳しい「もちつもたれつ」の人間関係のもとでは，その関係を維持しようというメカニズムが働きやすいことも述べてきましたが，今後必要とされるのは，存在する関係をいかに維持していくかという行動原理ではなく，新しい関係をいかに生み出していくかという行動原理です。もっとも，失職や勤務時間の短縮などにより収入が悪化し，自分ひとりの生活で精いっぱいであり，それ以外に自らの資源を割くことができない人々が現在の日本社会でかなりの割合も占めているのも事実です。無論，全員がそういった行動原理を取る必要はありません。たまたま何らかの理由で自分がもつ資源に少し余裕があり，弱い「もちつもたれつ」の人間関係のコミュニティの形成に割り振ることのできる人たちから，少しずつ始めていけばいいのです。こうした少しずつの活動の積み重ねがいずれ日本社会にそのようなコミュニティを根付かせる原動力になることを信じています。

■ 引用文献

Clark, M. S., & Mills, J. (1979). Interpersonal attraction in exchange and communal relationships. *Journal of Personality and Social Psychology*, **37**, 12-24.

Hall, E. T. (1976). *Beyond culture*. New York: Doubleday.

広井良典 (2009). コミュニティを問いなおす―つながり・都市・日本社会の未来　筑摩書房

Kim, H. S., Sherman, D. K., & Taylor, S. E. (2008). Culture and social support. *American Psychologist*, **63**, 518-526.

Kitayama, S., Markus, H. R., & Kurokawa, M. (2000). Culture, emotion, and well-being: Good feelings in Japan and the United States. *Cognition and Emotion*, **14**, 93-124.

Kitayama, S., Uchida, Y., Nakama, D., Mesquita, B., Saito, K., & Morling, B. (2010). Culture, self, and friendship: Esteem support in the United States and reciprocity monitoring in Japan. Unpublished manuscript, University of Michigan.

Markus, H. R., & Kitayama, S. (1991). Culture and the self: Implications for cognition, emotion, and motivation. *Psychological Review*, **98**, 224-253.

Mesquita, B., & Karasawa, M. (2002). Different emotional lives. *Cognition and Emotion*, **16**, 127-141.

Miller, J. G., & Bersoff, D. M. (1992). Culture and moral judgment: How are conflicts between justice and interpersonal responsibilities resolved? *Journal of Personality and Social Psychology*, **62**, 541-554.

Mojaverian, T., & Kim, H. S. (2013). Interpreting a helping hand: Cultural variation in the effectiveness of solicited and unsolicited social support. *Personality and Social Psychology Bulletin*, **39**, 88-99.

Niiya, Y., Ellsworth, P. C., & Yamaguchi, S. (2006). Amae in Japan and the United States: An exploration of a "culturally unique" emotion. *Emotion*, **6**, 279-295.

Nisbett, R. E., Peng, K., Choi, I., & Norenzayan, A. (2001). Culture and systems of thought: Holistic vs. analytic cognition. *Psychological Review*, **108**, 291-310.

Oishi, S. (2010). The psychology of residential mobility: Implications for the self, social relationships, and well-being. *Perspectives on Psychological Science*, **5**, 5-21.

Taylor, S. E., Sherman, D. K., Kim, H. S., Jarcho,J., Takagi, K., & Dunagan, M. S. (2004). Culture and social support: Who seeks it and why? *Journal of Personality and Social Psychology*, **87**, 354-362.

Uchida, Y., & Kitayama, S. (2009). Happiness and unhappiness in East and West: Themes and variations. *Emotion*, **9**, 441-456.

山岸俊男 (1998). 信頼の構造　東京大学出版会

第3章

社会構成主義
つながりを疑う，つながりを信じる

　時代の変化のなかで集団も変わっていきます。そうした変化は，いったい，どのように，つかまえることができるでしょうか。社会構成主義は，目の前にある現象から出発します。例えば，次の新聞記事を読んでみてください。

> **「ひきこもり 70 万人，予備軍も 155 万人……内閣府調査」**
> 　3 大要因「職場」「病気」「就活」……家や自室に閉じこもって外に出ない若者の「ひきこもり」が全国で 70 万人に上ると推計されることが，内閣府が 23 日に発表した初めての全国実態調査の結果から分かった。将来ひきこもりになる可能性のある「ひきこもり親和群」も 155 万人と推計しており，「今後さらに増える可能性がある」と分析している。
>
> （読売新聞 2010 年 7 月 24 日記事）

　このような記事を読んで，「ひきこもりが増えている」という事実に愕然としたり，場合によっては，「今の若者はなさけない」や，「社会が殺伐としている」といった思いを抱いたりする人もいるかもしれません。ここで，社会構成主義は，「ちょっと待てよ」と立ち止まります。はたして，「なさけない個人」や「殺伐とした社会」は，動かしがたい，避けられない現実なのでしょうか。

　前の2章では，社会的交換と，文化心理学の，2つの視点

を紹介してきました。2つの視点に共通しているのは,「心をもつ個人が存在する」という前提です。今から紹介する視点は,みなさんにとって不可思議に感じられるかもしれません。本章では,集団の性質(集合性)こそがすべてであり,個人は,さまざまな集合性の重なりによってこそ成り立つ,というものの見方を紹介します。こうした世界観に立ってみると,たちまち,「なさけない個人」や,「殺伐とした社会」の輪郭がぼやけてきます。それらはともに,つくられ,変化し続ける集合性のひとつの側面にすぎないのです。こうした社会構成主義の世界観は,問題解決のためのアクションを起こす可能性・重要性を教えてくれるのです。

社会構成主義の一番の特徴は,自分の目の前にある社会現象を,「当たり前の事実ではない」と考える姿勢にあります。例えば,無縁化という問題についても,「無縁化とは,一体何なのか」を考えるところから始まります。言葉やイメージを深く探りながら,ある現実が,唯一絶対の現実になっていくプロセスに注目します。当然,問題の原因を個人の内面世界に求めようとは考えません。

もうひとつ,社会構成主義で重要なことは,研究と実践は切り離せない,という姿勢です。個人は,集合性の重なりによって成り立つのですから,当然,「研究する私」も,集合性の重なりによって成立しています。私たちは,いかに客観的であろうとしても,社会現象に関心をもってしまった時点で,すでになんらかの価値判断(イデオロギー)を背負っています。そうした価値判断を自覚し,時には,

その判断が大きくひっくり返りながら、新たな変革を生み出していきます。

社会構成主義の考え方

　社会構成主義は、ある現象についての原因を説明する理論ではありません。そうではなく、世界をこのように見てみましょう、と私たちにヒントを与えるガイドラインのようなものです。それでは、社会構成主義は、世界をどのように見ようといっているのでしょうか。

　社会構成主義では、私たちの世界にあるものはすべて、集合体がつくりだした対象物として意味をもつ、というところからスタートします（Gergen, 1999）。私たちは、普段、客観的な現実世界——自分が意識していなかったり死んでしまったりしても関わりなく動いていく世界——が存在していると、信じているのではないでしょうか。社会構成主義は、こうした客観的な現実世界が、私たちの認識と離れて存在することを否定します。そして、現実は、それを意識する存在とワンセットでつくられ続ける、と考えます。

　社会構成主義のものの見方に対して、すぐさま寄せられるのが、以下のような疑問です。「意識したものがなんでも現実になるのか。例えば、自分ひとりが頭の中で勝手につくったキャラクターが客観的存在といえるのか」という疑問をもった読者もいるのではないでしょうか。社会構成主義は、「現実」が意識によるでっちあげだと主張しているわけではありません。「社会構成主義は、何かがあること、何かが起こっていること、それまでも否定しているわけで

はないのです。ただし、それが『何であるか』を捉えようとしたとたん、私たちはコミュニケーション、特に言説の世界の世界に否応なく足を踏み入れることになります。なぜなら、私たちが『その何か』に与える『意味』は、私たちをとりまく関係性の産物だからです」と、東村（Gergen, 1999 東村訳 2004）は解説しています。

みなさんは、「予言の自己成就」というマートンの概念をご存知でしょうか。例えば、銀行に経営不振の噂が立つことで、人々が不安になり、いっせいに預金を引き出してしまい、本当に倒産してしまう。このように、人々がある予言を信じて行動することによって、その予言が実現してしまうしくみを、マートンは「予言の自己成就」と呼びました。さまざまな人やモノが関係しあい、意味がつくられ、現実になるという「予言の自己成就」は、社会構成主義のエッセンスを示した概念といえるでしょう。

このとき、社会構成主義が注目するのは、言葉やイメージです。「何であるか」を、言葉やイメージで指し示すことによって、初めて、私たちは対象について考え、話し、見ることが可能になるからです。例えば、「ニート」という言葉がつくられることによって、その言葉が登場するまでは特に意識されなかった、働いている状態にいない若者について考え、さまざまな制度やプログラムをつくることが可能になります。他の例では、「A 型の人はまじめだ」といった性格の診断があったとします。血液型性格診断が強く信じられているような場所で、多くの人が言葉やイメージをやりとりすることで、「私は A 型だからこういう性格な

のかもしれない」という意味づけが生じ，そのように行動することによって，A型の人がまじめであるという関連性が「本当に」生じてくるわけです。

言葉やイメージの役割は，「未知のもの」を，ある集団にとって「よく知っている現実」に変えていくことにあります（Moscovici, 1961, 1984）。環境の変化は，ある集団にとって未知のものをさまざまに送り込んできます。しかし，未知のものというのは，何かわからず，なんとなく恐ろしく，対処に困ります。そこで，集団は，名前をつけたり，知っているものになぞらえてイメージを与えたりすることで，未知のものを取り込んでいくのです。

社会構成主義の姿勢

社会構成主義では，「当たり前の事実として見えているものを絶えず疑っていく姿勢」をとります。1990年代頃から，社会心理学を含め，社会科学のいくつかの分野で社会構成主義があえて叫ばれるようになった背景には，これまでの社会科学で培われてきた研究のやり方そのものが「当たり前の色眼鏡」になってしまい，始めからその色眼鏡でもって社会を見てしまうことへの反省があるように思われます。それでは，社会構成主義では，色眼鏡を使わないために，どんな工夫が行われてきたのか，簡単に確認していきましょう。

（1）心を疑う，心の意味を広げる

心理学・社会心理学における社会構成主義のあり方につ

いては、ケネス・ガーゲンによる一連の著作が有名です（Gargen, 1999 など）。心理学に社会構成主義が導入されると、まず何が疑われるのか。それは、「自己」です。これまでの心理学では当たり前だと思われていた、「独立した個人としての自己」を、ガーゲンは、西洋の歴史の産物とみなします。こうした自己は、啓蒙主義に基づき、合理的で自ら決定する個人への「信念」から生み出されたものとみなします。そして、自己についての信念は、自己ではない他者を打算的に扱ってもよいという考え方の増長や、共同体の軽視といった良からぬ面ももたらしてきたと警告します。ガーゲンの社会構成主義では、これまでの自己に代わり、「関係性から生まれる自己」を前提とした、対話プログラムや実践プログラムが提案されています。

　一方、心理学者のハーマンスは、これまでの自己とは異なる、「対話的自己」という概念を提案しています（Hermans, 1992, 2001）。この「対話的自己」のアイディアは、G. H. ミードの哲学がもとになっています。G. H. ミードは、社会心理学の理論的土台をつくったひとりで、自己がどのようにつくられるのかという問題を哲学的に考察しました。彼の議論によると、自己とは決して私（個人）に完結するものではありません。私のなかには、'Me' ＝これまでさまざまな状況で出会ってきた他者の反応の全体から導かれる「私」と、'I' ＝意識の主体であるいわゆる「私」が存在し、この両者のせめぎあいこそが「自己」である、という見方をとります（Mead, 1934）。ハーマンスの「対話的自己」では、さらに、自己が細分化されます。こ

れまでさまざまに出会ってきた他者の反応を「声」と呼び，その多様な声が互いにせめぎあったり，融合したりしながら，変化していく「場」こそが，自己であると考えます。ハーマンスも，対話的自己観に基づく，独自のセラピーや分析手法を提案しています（Hermans & Dimaggio, 2007）。

(2) 社会を疑う，社会の意味を拡げる

　社会構成主義は，社会学をはじめとしたさまざまな分野で発展してきました。そのため，社会構成主義の強みと弱みについては，たくさんの議論が行われています。そうした他分野の議論を紹介しておきましょう（Hacking, 1999）。

　科学論・科学社会学という学問は，「科学」についての研究を行います。ブルーノ・ラトゥールは，科学の実験室を観察し，絶対的真実を生み出すと思われている科学の世界が，いかに社会によって影響を受けているか（科学的事実の社会的構成）を示そうとしました。しかし，ラトゥールは，後に，自分の研究タイトルから「社会」をわざわざ削除して，「科学的事実の『構成』」と表現するようになりました（Latour, 1987）。社会的構成と呼ぶのは，暗黙のうちに，「社会」という存在だけは絶対に存在していると宣言することに他なりません。社会構成主義の立場をつきつめることは，必然的に，「社会」を解体する作業にもつながっていくわけです（Latour, 1987, 2005）。ラトゥールがこのとき重視したのは，道具や物質といった，「モノ」の役割です。集団に目をむけるとき，私たちはつい人間同士の行動や，彼らの発する言葉に注目しがちです。しかし，集団と

は，人と人との関係性だけではなく，それをとりまく物質や，物質と同じ役割をする制度も含まれます。こうした人間以外の要素（道具や物質，制度）を見ることで，集団の新たな側面が見えてきます。

（3）研究を疑う，研究の意味を拡げる

社会構成主義的な姿勢を貫くことで，自分の常識がすっかり覆ってしまうこともあるでしょう。しかし，こうした大きな突き崩しがあって初めて，他の人々とコミュニケーションができたり，自由なモデルを立てたりすることが可能になるともいえます。

社会構成主義に基づくグループ・ダイナミックスは，ここ30年ほどで展開された，非常に新しい分野です。そこでは，「独立した個人としての自己」モデルから離れて，さまざまな「自己」のモデル，さまざまな「集団」のモデルを描き，変化を導こうとチャレンジしています（杉万, 2013）。

この分野で出てくる「アクション・リサーチ」という言葉には，実践を通じて研究の意味を拡げる姿勢が重要であるというメッセージが込められています。アクション・リサーチとは，観察者（研究をする人々）と，対象者（フィールドで生活する人々）が，第3の視点をともに創りあげていくための共同的実践のことです（矢守, 2010）。アクション・リサーチには，「観察を行っていたはずの研究者」が「実践を行う当事者」へと変化する，また，「観察されていたはずの当事者」が「研究を行う当事者」へと変化していく両方のプロセスが含まれています。つまり，アクショ

ン・リサーチとは，アカデミックな研究の，単なる応用ではないのです。例えば，経営学者のグリーンウッドがスペインの民間企業とともに行ったアクション・リサーチでは，当初，企業側は，組織学や社会心理学のテクニックを業績向上につなげることを期待していました。こうした企業に対し，グリーンウッドは，学術的な知識を一切もち込まず，まず，企業メンバーが，自ら「協力」の問題を考えるようアドバイスしました。そして，当事者の立場であった企業が，協力行動に関する新たな知見を導き出した事例が報告されています（Greenwood & Levin, 2007）。

　アクション・リサーチは，実践の固有性（ローカリティ）を，いかに，他の実践（他のローカリティ）につなげていくか，といった難しさを常にもちます。ある現場で出てきた知見は，「そのとき，その場所でたまたまうまくいっただけではないか」と評価されることが多いでしょう。ある実践のローカリティを，他の実践につなげるための，一般的な道筋はありません。しかし，そこには，多かれ少なかれ，実践を何らかの形にする，という作業が欠かせません。例えば，実践を抽象化し，モデルや理論で表現することによって，他の実践（他のローカリティ）にもヒントを与えられるかもしれません。一方，小さな工夫・小さな道具を作ることもできます。例えば，矢守ら（2005, 2010）は，阪神淡路大震災の経験を関係者に聞き取りしていくなかで，現場で起こった葛藤の様子を「クロスロード」というゲームで表現しました。ゲームという道具をつくることで，大震災時の現場のローカリティと，現場から離れた人々のロー

カリティをつないできたといえます。

社会構成主義の道具

社会構成主義では、通常の社会心理学とは問題の立て方が異なります。そのため、社会心理学でよく使われる実験室実験や、質問紙調査には限られない、さまざまな方法を使います。

(1) 言葉に敏感になる

個人の心理に頼らずに、集団の性質やその変化を見るためには、日常的にやりとりされる言葉のデータを利用することが有効です。人々が話すこと、書いたこと、具体的には、新聞の記事、作文、政治の議論、自らの人生を語ったインタビュー(ライフヒストリー/ライフストーリー)など、さまざまな言葉が研究の対象となってきます。時代の大きな変化を計量的に測定することもあれば、数時間の会話を詳しく分析することもあります。例えば、トーマスとズナニエッキの『ポーランドの農民』では、「手紙」を対象にして、ポーランドからのアメリカ移民がアメリカにどう適応してくかを明らかにしています (Thomas & Znaniecki, 1919)。クルセウとクルセウは、ルーマニアのサパンサ村の「墓碑に刻まれた文章と絵」を対象に、どのような文化的な価値が共有され、変化してきたのかを明らかにしています (Curşeu & Pop-Curşeu, 2011)。図 3-1 は、ヨーロッパにバイオテクノロジー(当時の目新しいテクノロジー)が登場したときの、新聞、世論、政治の内容の変化を模式

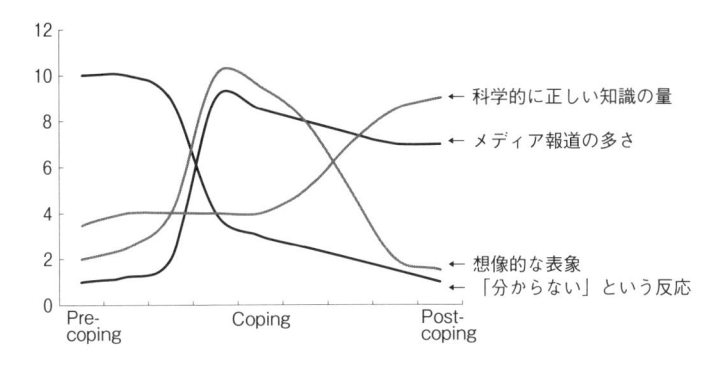

グラフ内ラベル:
← 科学的に正しい知識の量
← メディア報道の多さ
← 想像的な表象
←「分からない」という反応

横軸: Pre-coping / Coping / Post-coping

図 3-1　集合的シンボリックコーピングのプロセス（Wagner, 2005）

図にまとめたものです。テクノロジーの出現直後，新聞では，「もっともらしい（けれども空想的な）イメージ」が増えました。一方，人々の意識の上では，「科学的に正しい知識」が徐徐に増えていきます。未知なる対象が，集団の中で，すでにある現実の一部として理解されていくプロセスを，ワグナーら（Wagner et al., 2002）は集合的シンボリックコーピングと呼び，実証研究と理論化を進めてきました。

(2) モノに敏感になる

集団全体の性質を考える上で，面白い切り口のもうひとつは，「モノ」に注目するやり方です。集団を構成する「モノ」を「人」と同じように扱うことで，集合性を特徴づけている意外なしくみを見つけ出せることがあります。

モノに注目する視点は，認知心理学からも提唱されています。ヴィゴツキー，ルリヤなどのロシアの心理学者グル

ープによって提唱された活動理論は,「道具」の成り立ちと「集団」の成り立ちをセットで考えます (Engeström, 1987)。さまざまな人間の行為の多くは,道具を使って行われます。道具は,必ず,それをつくり,使ってきた集団とともに成り立っています。そのため,道具には,特有の文化や歴史が刻まれています。逆に見ると,集団のなかには,その集団を集団たらしめている,なんらかの道具が含まれているはずです。このときの道具とは,はさみやパソコンのような物的形状を伴った道具もあれば,ルールやシステムといった目に見えない道具も含まれます。

　ただし,実際のフィールドにおいて,いかなる道具がいかなる行為を媒介しているのかを見いだすには,試行錯誤も含めた徹底的な観察が必要です (杉万, 2013)。人類学などで用いられている現場観察・記述の技法(エスノグラフィー)や,社会学の一派であるエスノメソドロジーなどから学ぶべきことがあります。

「無縁化」を見つめ直す1　犯罪不安

　社会構成主義から無縁化を捉えようとすると,何が見えるでしょう。本節では,社会の無縁化に関わるより具体的な話題として,「犯罪不安」と「ひきこもり」を例に取り上げ,「現実がつくられていく」道のりの一端を紐解いてみたいと思います。

　「日本社会が危なくなった」「子どもの安全が脅かされるようになってきた」。こうしたかけ声のもと,地域では,子どもの安全を守る,見守り活動が展開されています。「犯

罪の増加という事実」は，不安で深刻な事実として私たちの前に現れています。

社会構成主義では，「犯罪の増加」を，「どういった意味で，子どもを狙った犯罪は増えているのか？」と問い直すことからスタートします。このように，「犯罪の増加」を，「犯罪が増加しているというイメージに基づいた不安の増加」という切り口から考察してきた浜井・芹沢（2006）の議論を紹介します。

犯罪統計を丁寧に見直すと，子どもが犠牲になる犯罪の数そのものは増えていないことがわかります。厚生労働省が所管している人口動態統計における統計からは，他殺によって障害および死亡する子どもの数は，年々減ってきていることが示されています。

一方，子どもをめぐる治安状況が悪化したというイメージは広まっています。2006年に内閣府が実施した子どもの防犯に関する世論調査では，「あなたは，あなたの身近にいる子どもたちが，何らかの犯罪に巻き込まれるかもしれないという不安を感じることがありますか」という問いに対し，子どもの安全について不安を感じることのある人の割合は全体の4分の3にも上っていました。このように，治安が悪化したというイメージに基づいて人々の不安が増している社会状況を，浜井・芹沢（2006）は「犯罪不安社会」と呼んでいます。

それでは，なぜ犯罪不安が高まるのでしょう。「言葉」を手がかりに考えてみましょう。芹沢は，新聞報道における犯罪の語り方が，1988年の幼女連続殺人事件（宮崎事件）

以降大きく転換した様子を描き出しています。宮崎事件の発生後，メディアは事件の解釈合戦を展開し，この事件を「現代社会を象徴する不可解な犯罪」と主張しました。しかし，はたして昔は，凶悪事件は発生せず，わかりやすい事件ばかりが発生していたのでしょうか。歴史的な記録には，異常・凶悪な事件が残されています。とすると，そこに起こっているのは，「時代の変化」というよりは，「不可解な事件のなかにこそ時代性を見いだそうとする視点の変化」だと考えられます。

　事件の本質を「不可解さ」に求めると，事件を起こした人間の異常性を強調することにつながります。犯罪とはそもそも異常な事象ではあるわけですが，そこで，「理不尽な犯罪者という他者」が「無垢な子どもという個人」に「そのうち襲来するかもしれない」とする語り方が支配的になると，事件の件数や内容以上に，危険な社会になったという不安が掻き立てられます。実際の危険以上に不安が高まるという現象は，認知研究からも明らかです。リスク（危険性）は，それがごく小さな確率で起こるときにこそ，実際に起こる確率よりも高く見積もってしまう，そういった「認識のクセ」が私たちには備わっています。一方，マスメディアの報道のクセとして，ひとつの事例を生々しく描くことによって興味を引き付けます。メディア報道のクセとそれを受け取る私たちの認識のクセが組み合わさることによって，犯罪不安は否応なしに高まります（中谷内，2009）。

　問題は，イメージに基づく犯罪不安が，さまざまな道具やシステムを通じて，まさに現実となっていく点にありま

す。不可解な犯罪から身を守るため、監視カメラの設置や、セキュリティの行き届いたマンションの建設など、技術やインフラが開発されます。例えば、不審者の情報を児童の保護者に伝えるサービスなどもこれに含まれるでしょう。

　ここで、筆者も参加したICタグによる見守りシステムの社会実験（日比野ら，2007）を紹介してみましょう。ある地域で、ランドセルに備え付けられたICタグを利用して、児童の登下校情報を送信するシステムが導入されました。すると、父兄や地域の人々から、「このままでは、子どもが危険な目に遭ってしまうときに何もできないのではないか」という声が上がりました。すると、住民の有志によって、有事の際に子どもを助けに行く「かけつけボランティア」のコミュニティが形成されました。メール送信システムで登下校情報を送信するだけでは、もったいないので、ついでに「スーパーの特売情報」などもついでに流せばよい、というアイディアが寄せられました。実験中、話を聞いてみると、子どもがとっくに下校しているはずの時間に、下校情報が伝わってこないというエラーがあり、母親のひとりは、「とても心配だった」と述べていました。

　ここには、犯罪不安の現実が構成されていくプロセスを垣間見ることができます。

①子どもが犯罪に遭うことへの不安から、ICタグという技術を導入する。
②ICタグの導入は、かけつけボランティアの結成や地元商店街の情報提供など、「地域コミュニティの存在」

を新たに形づくっていく。
③システムが整備されると，子どもが事件に遭うかもしれない危険性が常に情報として伝えられ，犯罪が多いという現実が形づくられていく。

　こうした循環的プロセスのなかで新たに生まれる問題もあります。芹沢は，地域防犯活動の背後には，防犯活動によってもたらされる人との一体感や生きがいといった，快楽の要因があると指摘します。地域住民による通学路の防犯パトロールも盛んに行われるようになってきました。問題は，防犯パトロールが，「事件の起こる前」に「不審者を見つけ出したい」という一見不可能な目的をもつところにあります。こうした状況では，例えば，普通とは異なる生活スタイルをもつ人々やホームレスの人々が，不審者とみなされ排除される——まさに「予言の自己成就」の働きとして犯罪が増えていく危険性がひそんでいます。

無縁化を見つめ直す2　ひきこもり

　排除の問題がより明らかになる例として，「ひきこもり」の例を紹介しましょう。本章の冒頭で示したひきこもりの記事を思い出してください。社会構成主義では，「ひきこもり」という事実がどのように生まれてきたのかを考えます。内閣府調査による「ひきこもり」の定義は，外出の程度とその継続性によって決められていました。具体的には，次の2つの質問の答えに当てはまる回答者が，ひきこもり群として分類されました。

> 質問A「ふだんどのくらい外出しますか」について，下記の項目にあてはまる者
> ・趣味の用事のときだけ外出する
> ・近所のコンビニなどには出かける
> ・自室からは出るが，家からは出ない
> ・自室からはほとんど出ない
> かつ
> 質問B「現在の状態になってどのくらい経ちますか」について，6か月以上と回答した者
>
> (若者の意識に関する調査，2010)

　いかがでしょうか。内閣府調査では，この2つの質問に当てはまる回答者のなかから，自宅で家事や育児をしている人，妊娠中の人，病気の人を除外し，「ひきこもり群」というカテゴリをつくりました。ひきこもり群は，調査対象者3,287人のうち59人，全体の1.79%でした。この1.79%という割合に，日本全体の15歳〜39歳の人口3,880万人がかけあわされて，ひきこもりの全国総数は69.6万人と推計されています。

　この調査のポイントは，質問Aで，「趣味の用事のときだけ外出する」と答えた人も「準ひきこもり」と定義され，ひきこもり群のなかに含められていることです。準ひきこもりは調査対象者全体のなかで1.19%，これが全国の若年者人口とかけあわされると，46万人となります。つまり，内閣府調査では，趣味の用事では外出するような人を「ひきこもり」のカテゴリに含めることで，該当人数が増加しているともみなせます。

この調査には，他にも特徴があります。それは，「ひきこもり親和群」の設定です。「ひきこもり親和群」とは，実際にはひきこもりの状態にはなくても，ひきこもりになっている人の気持ちがわかる，自分もひきこもりたいと思うという人々を指し，次のように定義されています。

> 次の4項目が，すべて「1. はい」，または，「2. どちらかといえばはい」と答えた者から「ひきこもり群」を除いた者。
> ・家や自室に閉じこもっていて外に出ない人たちの気持ちが分かる
> ・自分も，家や自室に閉じこもりたいと思うことがある
> ・嫌な出来事があると，外に出たくなくなる
> ・理由があるなら家や自室に閉じこもるのも仕方がないと思う
>
> (若者の意識に関する調査, 2010)

ひきこもり親和群は131人（調査対象者のうち3.99％），ここから，全国での推計数が155万人と推計されました。こうした調査の結果が，新聞記事で報道されると次のようになります。もう一度読み返してみましょう。

> 「ひきこもり70万人，予備軍も155万人……内閣府調査」
> 3大要因「職場」「病気」「就活」……家や自室に閉じこもって外に出ない若者の「ひきこもり」が全国で70万人に上ると推計されることが，内閣府が23日に発表した初めての全国実態調査の結果から分かった。将来ひきこもりになる可能性のあ

> る「ひきこもり親和群」も155万人と推計しており,「今後さらに増える可能性がある」と分析している。
> 　(略)増加に危機感「定義」広げる……今回の調査は社会的自立の度合いに着目し,「趣味に関する用事のときだけ外出」(推計46万人)とした人もひきこもりに分類した。(略)定義を広くとったのは,今後さらに増えるとの危機感からだ。
>
> (読売新聞2010年7月24日記事)

　この調査に見られる自己循環プロセスについてまとめてみましょう。内閣府調査では,「準ひきこもり群」という,趣味のためには外出しているような人々も,ひきこもりに含めました。その理由は,今後さらにひきこもりが増えるとの危機感からです。さらに,ひきこもりに共感を示すような人々を,「ひきこもり親和群」とカテゴリ化して,彼らがどのような心理的傾向をもっているかを分析しています。そして,ひきこもり親和群は大学生以下の人々に比較的多いという分析結果から,今後もひきこもりが増えていく危険性があると述べています。

　この事例でも,まさに予言の自己成就のプロセスの一端が垣間見えています。すなわち,

①ひきこもりが増えるかもしれないという危機意識がある。
②従来ひきこもりとされていた定義を,拡げる。
③ひきこもりが多い・今後も増えるという証拠が出てくる。

というプロセスになっています。この構造は，よく見ると，自己循環（トートロジー）になっています。

そもそも，ひきこもりかどうかを決める質問のなかには，「仕事や求職のためにときどき外出する」といった選択肢が含まれておらず，休職中だが社会的自立を求めている状態の人までひきこもりに含めている可能性があります。さらに，新聞の記事では細部の情報が縮減されて，「外に出ない若者70万人，ひきこもりの可能性のある予備軍が155万人」という表現が用いられています。さらに，これらのデータをもとにしたひきこもり支援システムが実行されたり，人々が自分や他人をひきこもりとみなしたりすることによって，動かしがたい事実となっていくこともありえます。

社会構成主義の枠組みからいえること

社会構成主義は，さまざまな社会問題の原因を個人のせいにするのではなく，そうした現象が成り立ってしまうしくみや，背景を考えることが重要だとガイドします。

テレビ番組「無縁社会」が大きな反響を呼んだように，「人と人とのつながり方がうすくなっている」というキャッチフレーズは，今の時代の不安感を端的に捉えたものといえるでしょう。「絆」や「縁」への過度な期待と，「再発見」は，今私たちが身を投じている変化に対する集団的な（防衛）反応とも考えられます。気をつけるべきは，こうした「無縁化」をなげき，「絆」を過度に重視する集団的な反応こそが，時として，「ひとりぼっち」というカテゴリに入

る個人を本当につくってしまい，そうした孤立的な個人を排除しうることです。

そもそも，無縁化が問題になるのは，「何かのきっかけで，いったん『負の連鎖』(本田ら，2006) に入ってしまい，その負の連鎖からなかなか抜け出すことができず，連鎖の果てに孤立してしまう人たち」という問題意識が抱かれたためでした。たった一度，職から離れてしまうだけで簡単に人が孤立してしまうというのは，働き方や，社会保障，貧困の問題と大きく関わってきます。負の連鎖にもしかしたら自分も巻き込まれるかもしれないという不安は，孤立状態にある他者への共感にもなれば，そうした他者への否定にもつながります。他者を否定するまなざしは，「孤立している誰か」を「私たち」と切り離します。ひきこもり状態に共感を示す人々までをひきこもり予備軍として予防の対象と考えるまなざしは，そうした切り離しの一種とみなすことができます。まとめると，無縁化に関わる深刻な問題とは，社会の変化に伴うさまざまなネガティブな側面や不安を，特定の誰か個人のせいにして，切り離してしまうことによって，ネガティブな側面や不安が「現実にそうなってしまう」危険性なのです。

駆け抜ける集団のさまざまな「顔」：博多祇園山笠の例

これまでの節では，無縁化や，集団の変化について，ネガティブな面のみを強調してしまったかもしれません。ここで，全く違う視点から，ひとつの具体的な集団の例 (日比野・杉万，2011) を紹介したいと思います。

福岡市博多部の夏を彩る，博多祇園山笠（以下，山笠）というお祭りがあります。起源は13世紀にまでさかのぼる，非常に伝統のあるお祭りです。山笠は，博多を構成する町を単位にしつつ，約10の町が，ひとつの「流（ながれ）」を構成します。こうした「流」というまとまりが，現在，7つあります。流ごとに，重さ約1トンの「山（やま）」と呼ばれる大きな木製の脚のついた神輿（みこし）をつくり，それを26〜28人の男たちが，次から次に交代しながら担いで走ります。1トンものとても重たい「山」を担ぎながら，約5キロにもわたる道のりを走り続けるわけですので，かなり大変ですし，難しいチームワークが必要とされます。みな，必死の形相で駆け抜けていきます。1つの流れは600〜1000人によって構成され，山を担ぐ役割以外にも参加者はさまざまな任務にあたります。

　このような大規模なお祭りが，人口減少の進む都市のただなかで，いったい，どのように維持されているのでしょうか。

図3-2　鼻取り（城戸久馬之進画，1980）

まず、山笠は、役割分担がしっかりと決まっています。直接肩で山を担ぐ人、山を押す人だけではなく、方向を操縦したり、前や後を走ったり、多くの役割分担があります。また、山笠には、明確なタテの関係があります。役職による上下関係がはっきりしており、下のものは上の指示に従わなくてはいけません。「山」が重いからこそ、こうした厳しい上下関係も必要となってきます。何らかの事情で「山」が軽くなっていたら、今のような山笠集団は消えていたかもしれません。

山笠は、今でこそ、人気のお祭りですが、1980年代前後、参加者の数が激減し、運営が困難な時期がありました。流によっては、最後まで走り切れなかったこともあるようです。今は、参加希望者が多すぎて断ることもあるほどです。こうした山笠の復活には、さまざまな関係者の取り組みや、それを取り巻く集合性の変化が関わっています。例えば、地域の小学校と積極的に協力するようになったこと、進学や就職で博多部にやってきた地元以外の若者を地道に勧誘

図 3-3　払暁櫛田入り　一番山笠土居流（城戸久馬之進画，1980）

し続けたこと（山笠の集合性の変化），博多部の周辺部に新しい住民が増えてきたこと（博多の集合性の変化），「おっしょい山笠」という漫画のヒットに表されるように，昔ながらの活動に新たな光が当たるようになってきたこと（日本の集合性の変化）が関係していると考えられます。

現在の山笠は，地元の住民が約2割，地元以外の参加者が約8割という構成で成り立っています。山笠の中核メンバーは，子どもの頃から自然に参加してきた地元住民であり，彼らの日常には，一年にわたって，山笠の活動が組み込まれています。厳しい時期の地道な人探しも，彼らによって続けられてきました。同時に，現在の山笠は，地元以外からの多数の参加者にも支えられています。山笠は，いわば究極の「しがらみ」が現れる活動でもありますが，その厳しい上下関係，達成感は，20代，30代の若者にとって，むしろ非日常で新鮮なものとして魅力的にうつっているようです。山笠は，「（しがらみもたくさんある）重い集団」と「（個人としてゆるやかにつながっている）軽い集団」が重なり合っている場なのです。山笠の事例は，集団の形が，モノ（重たい「山」）に規定されながら，時代の変化にあわせて，したたかにそのあり方を変えていく可能性を私たちに教えてくれます。

結　語

無縁社会化に向きあう上で重要なのは，まず，問題を個人のせいにしないことだと筆者は考えます。無縁社会についてのセンセーショナルな言葉やイメージは，「個人化」の

メカニズムと大きく結びついています。無縁社会が，なぜ，どのように描かれてきたかを冷静にたどる作業が，遠回りに見えても，重要です。その上で，解決策のヒントを，身近な現場に探しにいきましょう，というのが，構成主義のメッセージです。解決に関わるヒントとは，人々のちょっとした小さな工夫かもしれませんし，本や新聞の助けを借りて出てくる新しい言葉かもしれません。自分が問題だと思っていたこととは全く別の問題が出てくるかもしれません。そうした試行錯誤が土台となって，新しいつながりをつくっていくことを，筆者は信じています。

■ 引用文献

Curşeu, P. L., & Pop-Curşeu, I. (2011). Alive after death: An exploratory cultural artifact analysis of the Merry Cemetery of Săpânţa. *Journal of Community and Applied Social Psychology*, **21** (5), 371-387.

Engeström, Y. (1987). *Learning by expansion*. Helsinki: Orienta Konsultit. (山住勝広ほか（訳）(1999). 拡張による学習　新曜社)

Gergen, K. J. (1999). *An invitation to social construction*. Sage. (東村知子（訳）(2004). あなたへの社会構成主義　ナカニシヤ出版)

Greenwood, D. J., & Levin, M. (2007). *Introduction to action research: Social research for social change*. Sage.

Hacking, I. (1999). *The social construction of what?* Harvard University Press. (出口康夫・久米　暁（訳）(2006). 何が社会的に構成されるのか　岩波書店)

浜井浩一・芹沢一也 (2006). 犯罪不安社会：誰もが「不審者」?　光文社

Hermans, H. J. M. (2001). The dialogical self: Toward a theory of personal and cultural positioning. *Culture & Psychology*, **7** (3), 243-281.

Hermans, H. J. M., & Dimaggio, G. (2007). Self, identity, and globalization in times of uncertainty: A dialogical analysis. *Review of General Psychology*, **11** (1), 31-61.

Hermans, H. J. M., Kempen, H. J. G., & Van Loon, R. J. P. (1992). The dialogical self. *American Psycologist*, **47** (1), 23-33.

日比野愛子・加藤謙介・伊藤京子 (2007). IC タグによる子ども見守りシステム――監視社会の情報技術――　集団力学, **24**, 60-79.

日比野愛子・杉万俊夫 (2011). 祭りを支える人々――博多祇園山笠の事例　集団力学, **28**, 42-65.

本田由紀・内藤朝雄・後藤和智 (2006).「ニート」って言うな!　光文社

Latour, B. (1987). *Science in action*. Harvard University Press. (川﨑勝・高田紀代志 (訳) (1999). 科学が作られているとき――人類学的考察　産業図書)

Latour, B. (2005). *Reassembling the social: An introduction to actor-network-theory*. Oxford University Press.

Mead, G. H. (1934). *Mind, self, and society, from the standpoint of a social behaviorist*. edited and with an introduction by Morris, C. W., The University of Chicago Press. (河村望 (訳) (1995). 精神・自我・社会　人間の科学社)

Moscovici, S. (1961). *La psychanalyse, son image, et son public. [Psychoanalysis, its image, and its public]*. Paris: Presses Universitaires de France.

Moscovici, S. (1984) The phenomenon of social representations. In R. M. Farr, & S. Moscovici (Eds.), *Social representation*. Cambridge Polity Press. pp.3-69.

中谷内一也 (2009). リスク認知とマスメディア　吉川榮和 (監修) 新リスク学ハンドブック　三松　pp.417-432.

杉万俊夫 (2013). グループ・ダイナミックス入門　世界思想社

Thomas, W. I., & Znaniecki, F. (1919). *The Polish peasant in Europe and America: Monograph of an immigrant group*. The University of Chicago Press.

Wagner, W. (2005). Social psychology and research on social issues: Nine years of public reactions to biotechnology in Europe. 日本グループ・ダイナミックス学会講演

Wagner, W., Kronberger, N., & Seifert, F. (2002). Collective symbolic coping with new technology: Knowledge, images and public discourse. *British Journal of Social Psychology*, **41**, 323-343.

矢守克也 (2010). アクションリサーチ:実践する人間科学　新曜社

矢守克也・吉川肇子・網代剛 (2005). 防災ゲームで学ぶリスク・コミュニケーション:クロスロードへの招待　ナカニシヤ出版

終 章

つながりを理解する3つの視点

　この本で私たちは，社会的交換，文化心理学，社会構成主義を紹介し，人と人とのつながりの困難を理解しようと試みました。この3つのアプローチが共有する考え方は，社会的な現象は個人個人の心がけといった「個人の心」だけが原因で起こるものでなく，社会制度やシステムといった「マクロな，制度的なしくみ」だけが原因で起こるものでもなく，個人同士の関係と，それらが作り出す社会のしくみとのダイナミックな関係にあるという視点です。

　私たちは，ある社会現象が起こると，そのことを個人の心のせいにするか，社会のしくみのせいにしがちです。マスメディアが社会現象を取り上げる際には，この傾向が顕著に出ます。例えば，「いじめ」による自殺がクローズアップされると，マスメディアがまず注目するのは，いじめっ子，いじめられっ子の「心理」です。特にいじめっ子個人の異常性や特異性を取り上げて，それをいじめという「社会現象」の原因としてしまいます。次にマスメディアは「なぜこのような異常な心理をもつ子が出てきたのか」という問題を提示します。その結果，近年の教育環境の変化や，親子関係，コミュニティの変化などの「社会のしくみ」に原因を求めます。社会のしくみが「昔とは変わってしまったため」に，こういった問題が起こっているのだ，とい

う考え方です。

　この，社会のしくみの変化が特殊な心をつくってしまった，という考え方は一見，説得的に思えます。しかし，実は，昔から日本の村社会ではいじめに相当することはたくさん行われてきました。第2次世界大戦時の軍や，ごく最近までの相撲部屋など，閉ざされたコミュニティでの「しごき」や「かわいがり」によって，怪我人や死者が出たのも，いじめによるものでしょう。つまり，マスメディアのいう「社会のしくみ」が変わる前から，いじめに相当することは日本にはたくさんありましたし，その現場にいる人々の心理が「特殊」とか「異様」だったわけではなかったのです。

　このように考えると，ある種の社会現象や集団現象が起こったときに，それを「本当に」説明するのは，簡単なようでいて，実はとても難しいことがわかると思います。

　そこで有用となる考え方が，関係性に着目することなのです。

　関係性自体は目に見えるものではないので，それをどのように定義し，どの側面に注目するかは，決まっているわけではありません。したがって，誰でも自由に関係性を定義し，自由に分析することができます。これまで幾多の研究者が，関係性を分析するための，概念や方法を提唱してきました。それらのなかには多くの批判にさらされたり，逆に多くの支持を得たりするものもありました。ここに挙げている3つのアプローチは，これらの批判を乗り越えて生き残ってきたものです。それはつまり，それぞれ異なったやり方で関係性を分析しているものの，それぞれに説得

力があり，それぞれに強みと弱みがあることを意味します。

　ここでは，社会心理学の観点から，3つの立場はどのような強みをもち，どのような課題をもつのか，そして，今後，どのような分野に拡がっていけるのかを示したいと思います。

　社会的交換は，「独立した個人が，他の個人と資源の交換を行う」というシンプルなモデルを提示します。その典型的な分析対象は，対人的環境のなかでの意思決定や，結果として生じるジレンマでした。社会的交換の観点からは，関係性とは交換を行うときの人々の期待や予測，それに影響を与える外的な要因全般を指します。

　社会的交換理論の大きな強みは，その説明力の高さと幅広さにあるといえます。社会で生じるさまざまなジレンマのありかやしくみを，比較的単純な交換のモデルを使って説明するため，経済交換や生物の相互作用などにも応用することができます。そのため社会的交換理論で得られた発見は，経済学や生物学の分野にも大きなインスピレーションを与えてきました。

　一方，課題は，理論がきちんと現実の問題を扱えているのか，という問題です。具体的には，「交換」は理論的に可能なのか，可能だとしたら客観的測定はできるものなのかという疑問には，社会的交換研究者は答えていません。社会的交換の章で説明したように，交換されるものは「資源」です。例えば，感謝の気持ちという資源は，それをあげた人，もらった人は，どのように資源価値を共有することが

可能なのか，あるいは労働力と金銭という全く異なる資源の交換が「フェア」になされるとはいったいどういうことなのか。そしてこれらを定量的に測定することに妥当性があるのか，こういった交換と資源をめぐる根本的な問いは，まだ解決されていません。

文化心理学は，「個人の心は，文化（集団）のなかで育まれ，個人の心がまた文化（集団）を育てる」という集団のモデルを提示します。その典型的な分析対象は，文化に埋め込まれた個人の意思決定や認識の仕方，感情でした。

文化心理学の強みは，なんといっても，精密で面白い実験を通じて，文化から個人への影響を明らかにできるところにあります。さらに最近の研究では，幼児を対象とした社会化（socialization）に関するものも増えてきて，人が文化に馴染む，文化化（acculturation）の過程も分析しています。これら文化心理学で得られた結果は，異なる文化に生きる他者を拒絶することなく理解するためのヒントを提供します。

一方，残された課題は，「個人から文化への影響」が明らかではない，という点にあります。理論的には個々の相互作用のなかから，文化が生じるとしていますが，文化心理学が主に用いる実験手法では，それを証明することは今のところできていません。したがって，文化心理学では，文化を固定化したものと扱っている，とみなされる場合もあります。この意味で，文化そのものが変容する過程についての理論の発展と研究手法の創造が課題といえそうです。

もうひとつ，文化心理学は，もともと，従来の心理学へ

のアンチテーゼという意味が強い分野でした。実際，認知科学などで「人類普遍」と考えられてきた認知過程が，文化によって異なることが，多くの文化心理学研究によって明らかにされています。しかし，その分，文化心理学の，「文化」を扱う他の学問領域，例えば，霊長類学や，文化人類学に対する影響は相対的に低いように思われます。これらの分野に対し，どのように発信し，対話を重ねていくかが課題かもしれません。

　社会構成主義は，「関係性の重なりと動きが，集団と個人をつくりだす」という集団のモデルを提示します。その典型的な研究の対象は，個人ではなく，あくまで現場の集団であり，すでにある常識を疑いながら，新しい動きや工夫をつくりだしていく特徴をもっていました。つまり，社会構成主義で最も問われる関係性とは，研究者と研究対象との関係であり，両者がいかに変化していくのかがポイントだと考えられます。

　社会構成主義の強みは，現場のなかで，実践していくというその研究スタイルにあります。絶え間ないフィードバックのなかで，それまでの世界では思いもつかなかった理解の仕方を提示することや，見えにくい当事者・弱者の存在に光を当てること，また，新たな工夫・道具を生み出す強みをもっています。

　一方，残された課題は，他の学問分野とのコミュニケーションが十分ではない，という点にあるでしょう。社会構成主義は，論理実証主義を批判し，研究を進める上での姿勢を示しています。しかし，そこで得られた発見や現場の

動きの内容を伝えるにあたり，ロジカルに表現していく努力が足りなかったかもしれません。実践からリサーチを生み出す姿勢を，より打ち出すことも今後の課題と考えられます。

　社会的交換，文化心理学，社会構成主義。3つの立場は，いわば，集団に対して光をあてる場所が異なります。今回は「無縁社会」というひとつの現象について，それぞれの立場から解決法の提示を試みました。しかし，その解決法は立場によってかなり違っているはずです。それぞれの立場で，多面的な集団の現象のどこに焦点をあて，どういう切り口で理解するかが，異なっているからです。

　そのため，これらの立場の融合は難しく，今後もそれぞれが独自に展開を続けていくでしょう。それは不思議なことではありません。ある分野の専門家ならば，自分の立場でさまざまな集団現象を説明できるように理論を発展させる必要があります。したがって，交換理論家や文化心理学者が，他の分野からの説明原理をできるだけ借りることなく，独自の発展を目指すのは自然なことなのです。

　しかし，この独立性と排他性は，あくまで理論の発展，という側面においてのみです。実践的な立場に立った場合，これら3つすべてを知っておくことは大いに役に立つはずです。3つの立場は，多面的な集団現象の一部を照らすものです。現実の集団現象や社会現象を扱うときには，その現象のどの部分が最も重要になるかによって，どの立場から分析をし，実践に活かすか，が変わってきます。その意

味で,理論的には独立性をもって発展しているそれぞれの立場は,実践ではお互いに補いあい,現実の問題を解くために,さまざまな角度からの解決方法を提示できるのです。

　総合的に考えると,これら3つの立場に重要なのは,否定しあうのではなく,かといって,独立に棲み分けをすることでもありません。時には鋭い批判も行いながら,それぞれが理論を発展させ,現実の問題解決のために,さまざまなオプションを与えていくことが重要ではないかと,私たちは考えています。

あとがき

　ちょっと違った切り口から，社会心理学の世界を編み直すことができないだろうか。そんな漠然とした思いが本書の出発点でした。社会心理学の教科書を開くと，自己，社会的認知，消費者行動，集団意思決定など，さまざまなトピックが並んでいます。これまでの社会心理学の多くは，これらのトピックに対して，「個人が他者から受ける影響」，すなわち，「個人の頭の中にあるつながり」に注目して，研究を行ってきました。けれども，今の日本社会で起きているさまざまな事件，社会問題の根底を探ろうとすると，そもそもつながりとは何か，さらには，どのようなつながりが望ましいのか，をいやがおうにも考えざるを得ません。個人の頭の中のつながりではなく，実際の行動としてのつながりに目を向け問題を捉え直すことが必要ではないか。いわば視点の「解放」が必要ではないかというアイディアが，筆者らの議論の中で明確になってきました。こうして，社会心理学の「ものの見方」を主役に据えた入門書が誕生したわけです。

　各章では，「つながれない社会をどう見るか，つながれない社会でどう対処するか」という大きな問題に対する，それぞれの筆者なりのメッセージを示しました。そこに共通するのは，「これまでの集団を捨てて個人の自由な自発的

な活動を作ればよい，という単純なものではない」というメッセージです。集団対個人という図式そのものが息苦しさの源泉になっており，両者を対立させないモデルをいかに作っていくかが，研究の世界においても，実践においても問われているように思います。新しいモデルを作っていく変革のプロセスのなかに，私たちはまさに身を置いています。

　読者には，この本を，思考の「柵」を飛び越えるための道具として使ってもらうことを期待します。身近な人間関係の問題，あるいは，最近のニュースで印象に残った話題でもよいでしょう。具体的な「お題」について，本書で述べた3つの立場で考えるとどうなるか。ぜひ自身で試してください。きっと新しいアイディアが沸いてくるはずです。

　本書の企画が，まだ本当に小さいタネの段階で仲間を募ったところ，結果として，京都大学総合人間学部に関わった社会心理系のメンバー（執筆者・編集者とも）が関心をもち，チームを組んで，タネを一緒に育てることができました。京都大学総合人間学部は，文系，理系を問わず，多様な分野の教員・学生が集う場所です。視点が違うことで，時には全く理解できないこと，ぶつかること，そういうことも含めて違いを楽しめる，貴重な土壌のもとで私たちは育ってきました。本書も，この土壌があって初めて生まれた成果だと考えています。

　もちろん，多様でありさえすればよい，というわけにはいきません。総合人間学部に限らず，多くの学際的な活動

は，多様性をどのように「統合」するのかという問題にいつも直面します。統合は問題を解く実践のなかで初めて可能となる，というのが，本書の答えになります。「issue oriented」という言葉が示すように，問題があって初めて既存の分野のチームが編成されていく，そのような知の活動が，これからも花ひらいていくでしょう。本書が，そうした「統合」の一助となれば，幸いです。

　本書の作成に際して，何よりもナカニシヤ出版の山本あかねさんにお世話になりました。諸般の事情で，企画の立上げから完成にいたるまで，かなりの時間がかかってしまいましたが，粘り強く，また，明るく，プロジェクトを盛り上げ，前に進めていただきました。記して感謝をささげます。

事項索引

あ
アクション・リサーチ　86
安心　36
一般的信頼　35
意図への信頼　35
エスノグラフィー　90
エセ個人主義　75
縁　51
応報戦略　25

か
家族主義　32
価値　17
　——観　29, 30
活動理論　90
関係性　12
　——欲求　62
関係の深化　47
希望　30, 33
　——格差社会　34
義務　64
共同体的な関係　62
協力　44
　——行動　15
グループ・ダイナミックス　3
群衆心理　2
経済交換　14
懸念　68
高コンテクスト　55
幸福感　57

声　85
互恵性　38
　——のルール　40
互恵的関係　14
コミュニティ　76

さ
支援　69
しがらみ　27
資源　14
自己　84
自尊心　71
しっぺ返し戦略　25
社会構成主義　80, 81
社会的交換　14
　——理論　14
集合性　80
集合的シンボリックコーピング　89
終身雇用制　30
　——制度　26
囚人のジレンマ　19
儒教的な考え　58
人口構成比　28
信頼　34
成果主義　27
相互依存関係　13
相互協調的自己観　54
相互独立的自己観　54

た

対人関与的感情　57
対人脱関与的感情　56
体制化　53
対話的自己　84
（騙される）リスク　37
超越的・俯瞰的認知　60
長期的関係　29, 31, 47
長期的相互依存関係　29
調和　63
低コンテクスト　55
適応課題　73
道具　90
道徳　64

な

年功序列制度　26
能力への信頼　35

は

場の理論　4
派閥　68
犯罪不安　91
ひきこもり　94
評判　41
――情報　43, 45
負の連鎖　99
普遍的多様性　53
フリーライダー　33
プロテスタントの宗教観　58
文化心理学　52
分析的　56
返報性　65
包括的　56

ま

無縁社会　8, 51
――化　26
村八分　72
もちつもたれつ　66
モノ　89

や

予言の自己成就　82

ら

ライフストーリー　88
ライフヒストリー　88
リスク　92
ローカリティ　87

人名索引

A
青木昌彦　*14*
Axelrod, R.　*23,24*

B
Bersoff, D. M.　*64, 65*

C
Cartwright, D.　*3,4*
Clark, M. S.　*62, 67*
Curşeu, P. L.　*88*

D
Dimmagio, G.　*85*

E
Engeström, Y.　*90*

F
Foa, E. B.　*15*
Foa, U. G.　*15*
Frazer, Sir S. G.　*14*
Fukuyama, F.　*32*

G
Gergen, K. J.　*81, 82, 84*
Greenwood, D. J.　*87*

H
Hacking, I.　*85*

Hall, E. T.　*54, 55*
浜井浩一　*91*
林直保子　*38,40*
Hermans, H. J. M.　*84, 85*
日比野愛子　*93, 99*
東村知子　*82*
広井良典　*73*
本田由紀　*99*

K
Karasawa, M.　*59, 60*
河合太介　*33*
Kim, H. S.　*69-71*
Kitayama, S.　*54, 56-61, 66, 67*
清成透子　*31, 32*

L
Latour, B.　*85*
Le Bon, G.　*2*
Levin, M.　*87*
Lewin, K.　*3,4*
Luria, A. R.　*89*

M
Markus, H. R.　*54*
Mead, G. H.　*84*
Merton, R. K.　*82*
Mesquita, B.　*59, 60*
Milinski, M.　*25*
Miller, J. G.　*64, 65*

Mills, J.　*62, 67*
Mojaverian, T.　*70, 71*
Moscovici, S.　*83*

N
中谷内一也　*92*
Niiya, Y.　*65*
Nisbett, R. E.　*56*

O
Oishi, S.　*75*

P
Pop-Curşeu, I.　*88*

S
芹沢一也　*91, 94*
杉万俊夫　*86, 90, 99*

T
Taylor, S. E.　*69*

高橋克徳　*33*
Thomas, W. I.　*88*

U
Uchida, Y.　*59-61, 66, 67*

V
Vygotsky, L. S.　*89*

W
Wagner, W.　*89*
渡部　幹　*19, 25, 33, 38, 39, 41*

Y
山田昌弘　*34*
Yamagishi, M.　*36*
山岸俊男　*5, 32, 36, 42, 75*
Yamamoto, S.　*13*
矢守克也　*86, 87*

Z
Znaniecki, F.　*88*

【執筆者紹介】

日比野愛子（ひびの・あいこ）
京都大学総合人間学部卒業，京都大学大学院人間・環境学研究科博士課程修了，博士（人間・環境学）。現在，弘前大学人文学部講師。
主著に，『萌芽する科学技術―先端科学技術への社会学的アプローチ』（共編著，京都大学学術出版会，2009），『新リスク学ハンドブック―現代産業技術のリスクアセスメントと安全・安心の確保』（分担執筆，三松出版事業部，2009）など。
担当：序章（共著），第3章，終章（共著）

渡部　幹（わたべ・もとき）
北海道大学文学部卒業，カリフォルニア大学ロサンゼルス校（UCLA）社会学研究科博士課程修了，Ph.D.（社会学）。京都大学総合人間学部助教，同大学大学院人間・環境学研究科助教，早稲田大学准教授等を経て，現在，モナッシュ大学マレーシア校ビジネススクール准教授（ニューロビジネス分野）。
主著に，『制度からガヴァナンスへ』（共著，東京大学出版会，2006），『不機嫌な職場―なぜ社員同士で協力できないのか』（共著，講談社，2008），『フリーライダー―あなたの隣のただのり社員』（共著，講談社，2010）など。
担当：序章（共著），第1章，終章（共著）

石井敬子（いしい・けいこ）
京都大学総合人間学部卒業，京都大学大学院人間・環境学研究科博士課程修了，博士（人間・環境学）。北海道大学社会科学研究センター助教等を経て，現在，神戸大学大学院人文学研究科准教授。
主著に，『名誉と暴力―アメリカ南部の文化と心理』（共編訳，北大路書房，2009），『文化と実践―心の本質的社会性を問う』（分担執筆，新曜社，2010）など。
担当：第2章

つながれない社会
グループ・ダイナミックスの3つの眼
2014 年 4 月 30 日　初版第 1 刷発行　（定価はカヴァーに表示してあります）

　　　　　　　　　著　者　日比野愛子
　　　　　　　　　　　　　渡部　　幹
　　　　　　　　　　　　　石井　敬子
　　　　　　　　　発行者　中西　健夫
　　　　　　　　　発行所　株式会社ナカニシヤ出版
　　☎ 606-8161　京都市左京区一乗寺木ノ本町 15 番地
　　　　　　　　　　　　Telephone　075-723-0111
　　　　　　　　　　　　Facsimile　　075-723-0095
　　　　　　　　Website　http://www.nakanishiya.co.jp/
　　　　　　　　E-mail　　iihon-ippai@nakanishiya.co.jp
　　　　　　　　　　　　郵便振替　01030-0-13128

装幀＝白沢　正／印刷・製本＝ファインワークス
Copyright ⓒ 2014 by A. Hibino, M. Watabe, & K. Ishii
Printed in Japan.
ISBN978-4-7795-0811-0

本書のコピー，スキャン，デジタル化等の無断複製は著作権法上での例外を除き禁じられています。本書を代行業者等の第三者に依頼してスキャンやデジタル化することはたとえ個人や家庭内の利用であっても著作権法上認められておりません。